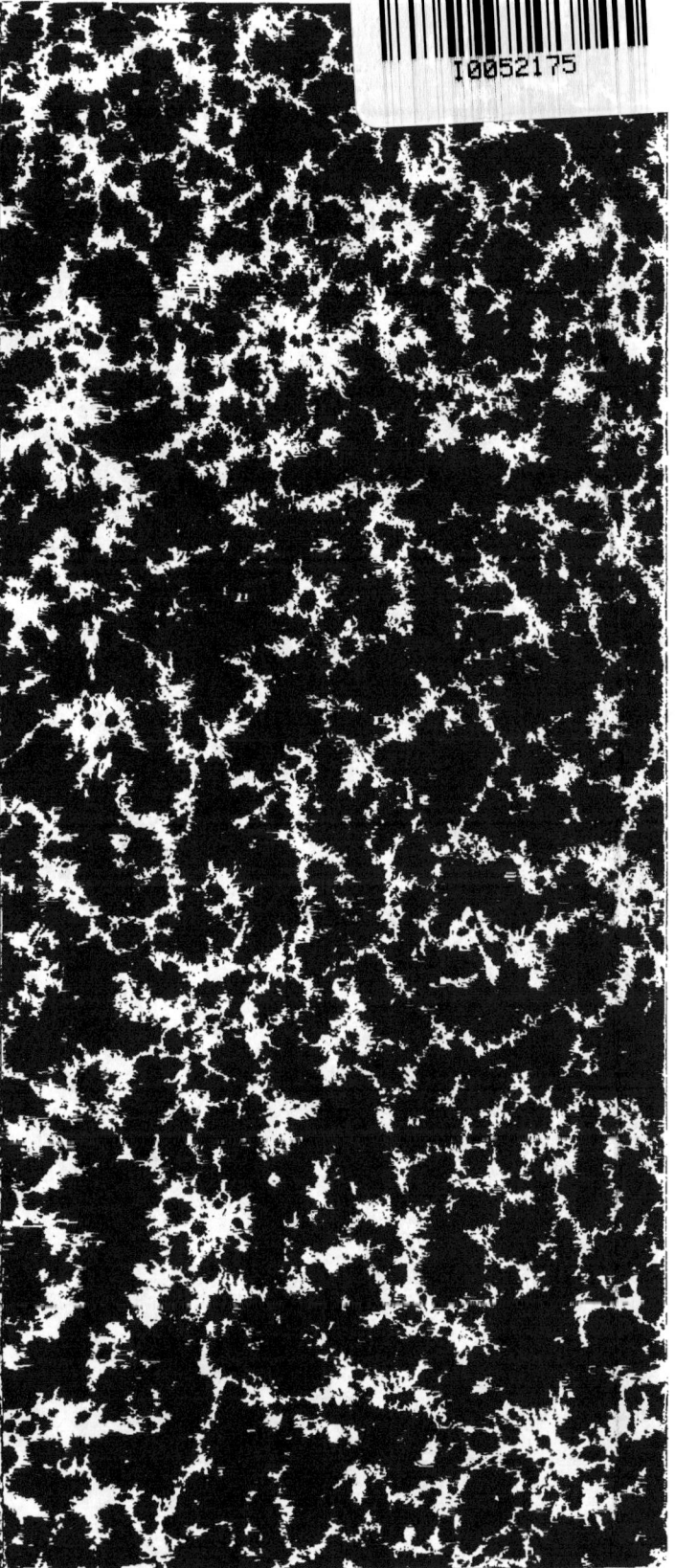

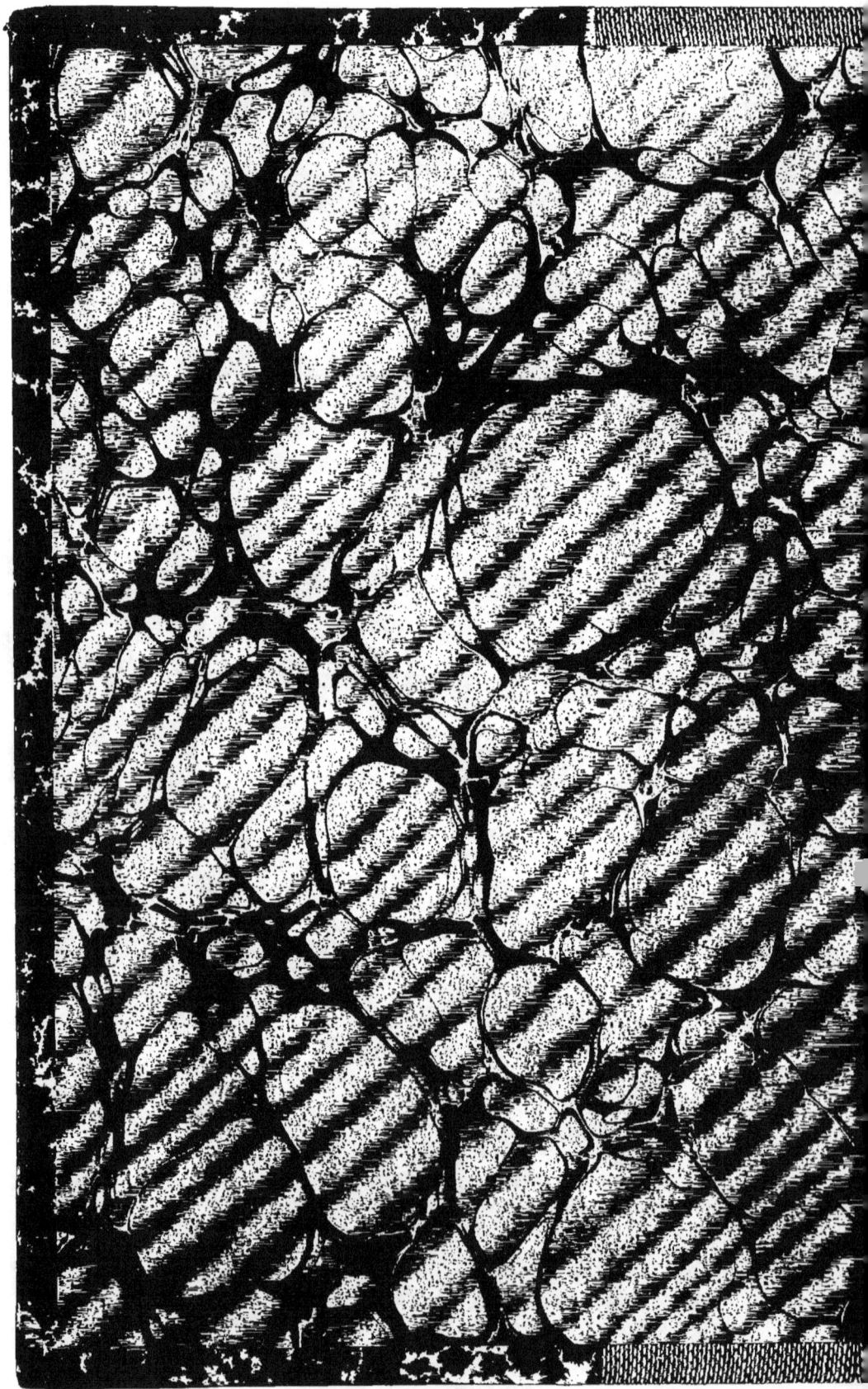

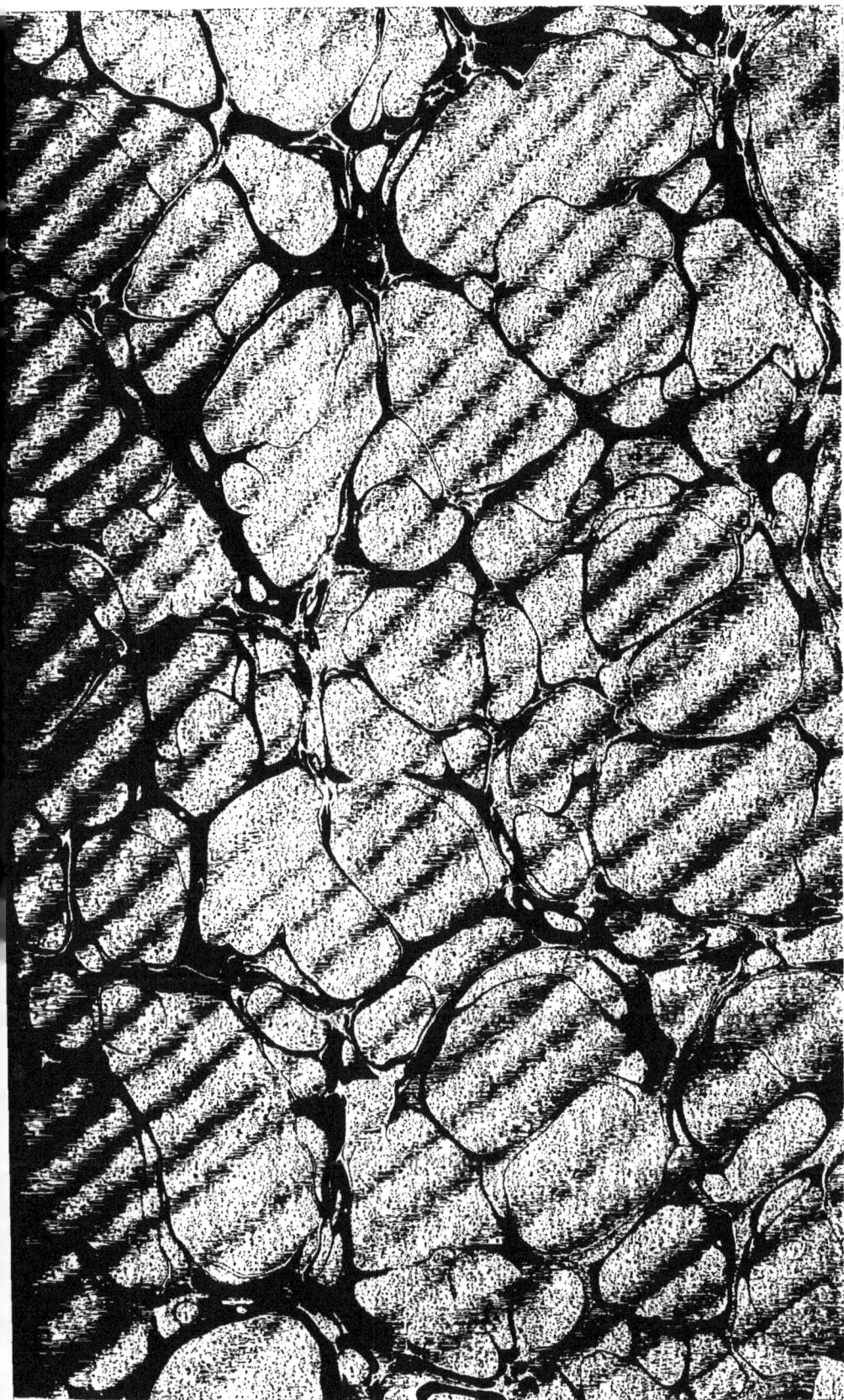

FACULTÉ DE DROIT DE PARIS

DROIT ROMAIN

L'HOMICIDE & LE PARRICIDE

DROIT FRANÇAIS

THÉORIE

DES

CIRCONSTANCES ATTÉNUANTES

THÈSE POUR LE DOCTORAT

PAR

LÉON SIBEN

Avocat à la Cour d'appel

PARIS

TYPOGRAPHIE CHARLES UNSINGER

83, RUE DU BAC, 83

—

1885

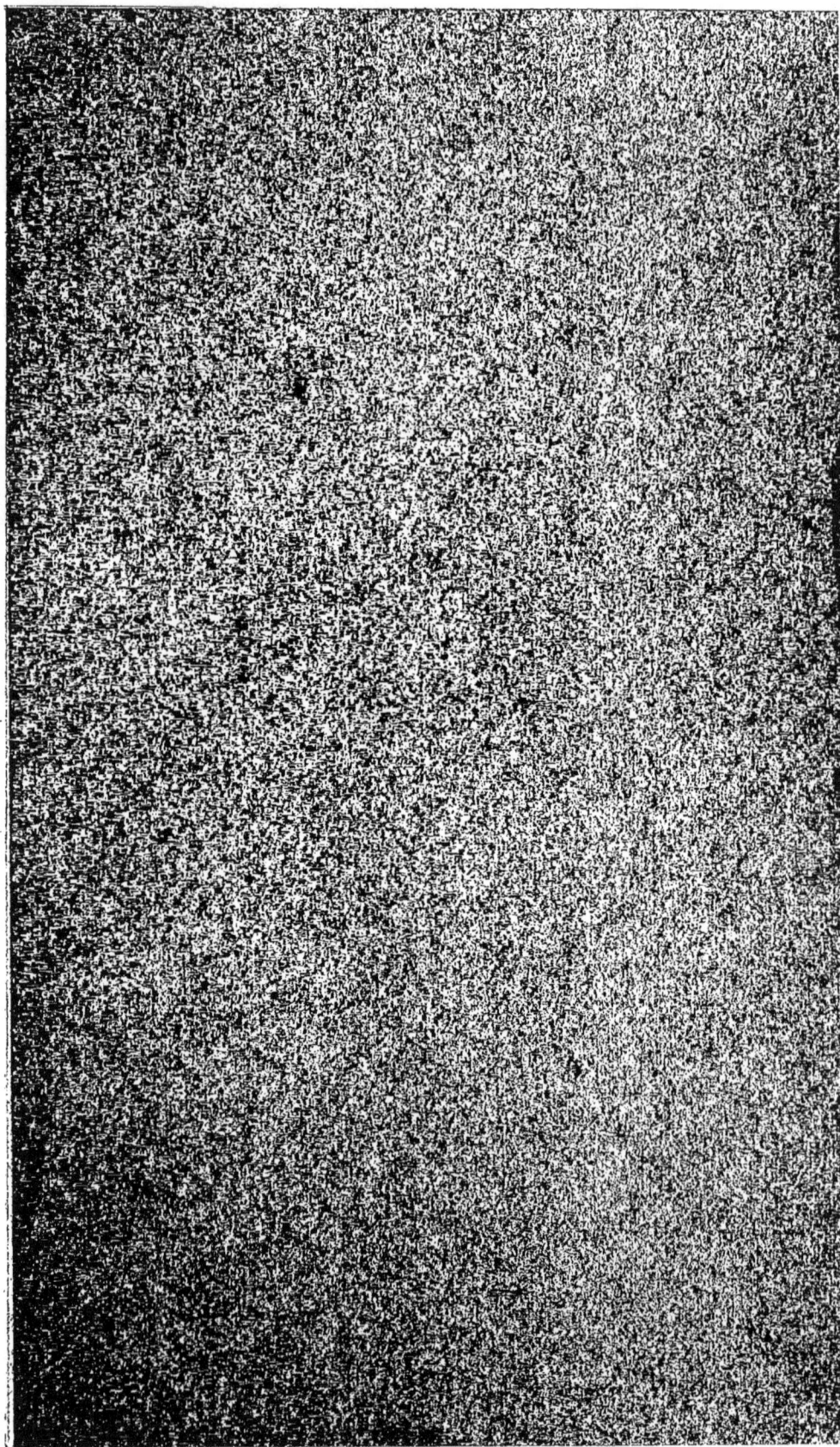

1306

THÈSE

POUR

LE DOCTORAT

DROIT ROMAIN

L'HOMICIDE & LE PARRICIDE

DROIT FRANÇAIS

THÉORIE

DES

CIRCONSTANCES ATTÉNUANTES

THÈSE POUR LE DOCTORAT

L'acte public, sur les matières ci-après, sera présenté et soutenu

Le Jeudi 23 Juillet 1885, à trois heures et demie

PAR

LÉON SIBEN

Avocat à la Cour d'appel.

PRÉSIDENT : M. DESJARDINS

SUFFRAGANTS : { MM. GÉRARDIN   } *Professeurs*
                { LEFEBVRE   }
                { LÉON MICHEL   } *Agrégé*

PARIS

TYPOGRAPHIE CHARLES UNSINGER

83, RUE DU BAC, 83

1885

De l'Homicide et du Parricide
en Droit romain

NOTIONS GÉNÉRALES. — La législation romaine a, dès
son origine, établi une distinction parmi les délits ;
quelques-uns étaient menacés de peines publiques, la
peine de mort n'atteignait que le plus petit nombre;
pour d'autres le châtiment consistait en une amende au
profit de la partie lésée, ou tendait seulement à satis-
faire la victime en lui permettant d'exercer des repré-
sailles s'il n'intervenait pas de composition amiable entre
les parties. De là, naquit avec le développement du droit,
la distinction des délits en délits privés et délits publics.
Les premiers servaient de fondement à une instance
devant les tribunaux civils ordinaires pour la poursuite
d'une obligation; les délits publics donnaient naissance
à une plainte devant l'assemblée du peuple.

Vers la fin de la République, lorsque la décadence

des mœurs et la chute des anciennes institutions eurent nécessité d'énergiques réformes dans le droit pénal, ces délits publics devinrent l'objet de l'attention spéciale des législateurs. Il parut, concernant les crimes les plus graves de différentes espèces, des lois fort détaillées qui organisaient pour chaque crime un tribunal spécial permanent *(quæstiones perpetuæ)* et indiquaient d'une manière explicite la procédure à suivre dans sa poursuite et la mesure de la peine à appliquer pour sa répression. De ce nombre furent la loi Cornelia relative à l'homicide et la loi Pompeia destinée à réprimer le crime de parricide.

Tout dommage causé injustement donnait, d'autre part, ouverture à l'exercice d'une action destinée à le réparer. La loi des Douze Tables avait déjà statué sur ce point et d'autres dispositions étaient successivement intervenues, qui toutes ont été abrogées par la loi Aquilia. D'après Ulpien cette loi est un plébiscite qui fut adopté par les plébéiens, sur la proposition du tribun Aquilius: Théophile, dans sa Paraphrase, en place l'origine à l'époque des dissensions entre les patriciens et les plébéiens et de la retraite de ces derniers, ce qui doit se rapporter à la troisième retraite sur le mont Janicule, l'an 468 de Rome.

La loi Aquilia s'occupe, comme la loi Cornelia, de l'homicide, mais ce n'est point pour en organiser la répression pénale : elle protège les intérêts de la victime et oblige celui qui a causé un dommage contrairement au droit, à le réparer. Ainsi, dans son premier chef, elle prévoit le meurtre de l'esclave d'autrui et donne au maître une action pour obtenir une indemnité correspondant à la plus haute valeur que l'esclave avait acquise dans l'année qui avait précédé sa mort.

Nous verrons d'ailleurs, dans la suite de notre étude, que l'action de la loi Aquilia pouvait concourir avec d'autres actions pénales si le fait dommageable réunissait les conditions nécessaires pour tomber sous l'application d'une loi spéciale.

DE L'HOMICIDE

I. HISTORIQUE DE LA LÉGISLATION. — La première loi romaine destinée à réprimer l'homicide remonte à Romulus : elle ordonnait que tout parricide fût puni de mort; mais Plutarque, en la rapportant (1), fait observer que Romulus qualifia de la sorte les meurtriers et ne fit pas une loi spéciale contre le parricide proprement dit. Festus confirme l'observation de Plutarque : le mot « parricide », dit-il (2), ne servait pas seulement à qualifier celui qui attente à la vie de ses père et mère, mais encore quiconque tue un homme. La plupart des anciennes législations ne réprimaient pas, d'ailleurs, le parricide : Solon, interrogé sur son silence à cet égard, répondit qu'il n'avait pas cru qu'il pût se trouver quelqu'un qui fût capable de commettre un crime aussi

(1) In *Romulo*, p. 32.
(2) Aux mots *Parici quæstores*.

monstrueux. Romulus et les rois de Rome qui lui succédèrent gardèrent le même silence, vraisemblablement par le même motif; il leur parut, en effet, que prononcer une peine contre un forfait qui révolte si fort la nature, serait plutôt enseigner aux hommes à le regarder comme possible, que le prévenir.

Numa Pompilius, continuant l'œuvre de son prédécesseur, fit également une loi qui portait : « Si quel- « qu'un tue un homme libre volontairement et de « dessein prémédité, qu'il soit tenu pour parricide; « mais, s'il le tue par imprudence ou sans aucun mauvais « dessein, qu'il offre alors dans l'assemblée du peuple un bélier pour le mort et ses enfants (1). » Cette loi complète celle de Romulus et en facilite l'interprétation en ce qu'il est manifeste, d'après cette expression générale « si quelqu'un tue un homme libre », qu'il ne s'agit point d'un parricide proprement dit, mais d'un homicide quelconque commis soit par le glaive, soit par le poison.

Il importe de remarquer la distinction établie par cette loi entre deux sortes d'homicide : celui qui se commet de dessein prémédité, ce dont on juge par l'espèce d'arme dont on s'est servi, par le genre et le nombre de blessures ou par d'autres circonstances, et l'homicide qui se commet par imprudence et sans aucune mauvaise intention : si l'homicide est volontaire la loi prononce contre le coupable la peine du parricide, ce qui donne à entendre qu'il doit subir la peine capitale; si l'homicide était involontaire et n'avait été commis que

(1) *Festus,* loc. cit.

par imprudence, la loi de Numa prononçait une peine beaucoup moins rigoureuse; elle ordonnait au coupable d'offrir en sacrifice dans l'assemblée du peuple *(in concione)* un bélier pour le mort et ses enfants : c'est la vraie signification de l'expression latine « *arietem subicito* » dont se sert la loi, ainsi qu'on peut s'en assurer par le témoignage de Festus. Ce sacrifice, dit Cincius au livre Ier des *Devoirs du Jurisconsulte* cité également par Festus, se faisait à l'exemple des Athéniens, chez qui l'on offrait un bélier pour l'expiation du crime que l'on avait commis.

Il nous reste à remarquer que cette loi de Numa, soit qu'il s'agisse d'un homicide volontaire ou d'un homicide commis par imprudence, parle du meurtre d'un homme libre; les esclaves à Rome n'étant pas membres de l'État, on n'était point réputé avoir commis un crime quand on avait tué un esclave; on trouve un grand nombre de vestiges de cette théorie primitive dans les anciens jurisconsultes; nous verrons dans la suite de notre étude les modifications qui y ont été apportées par la législation postérieure.

Tullus Hostilius fit aussi une loi pour la punition des homicides, à l'occasion du meurtre commis par l'un des Horaces; il ordonna que les affaires qui concernaient les meurtres seraient jugées par les décemvirs et que si celui qui avait été condamné appelait de leur sentence devant le tribunal du peuple, cet appel serait recevable comme légitime; mais si la sentence venait à être confirmée il ordonnait que le coupable fût pendu à un arbre, après avoir été fustigé, dans la ville ou hors des murs.

Les décemvirs, s'inspirant de ces différentes dispositions, introduisirent dans la loi des Douze Tables un fragment ainsi conçu : « Si quelqu'un tue volontaire-« ment et de dessein prémédité un homme libre, ou s'il « se sert pour procurer la mort de paroles magiques, ou « s'il compose ou donne des poisons, qu'il soit puni du « dernier supplice (1) ».

Quelque temps après la loi des Douze Tables les meur-triers furent appelés « sicarii », du mot « sica » qui servait à désigner une petite épée recourbée que l'on cachait sous sa robe. Le port de ce poignard était interdit et l'on dénonçait aux triumvirs ceux qu'on en trouvait saisis, à moins que cet instrument ne leur fût nécessaire dans l'exercice de leur profession.

La loi, destinée à réprimer l'homicide et l'empoisonne-ment, dont L. Cornelius Sylla, dictateur, fut l'auteur en l'an de Rome 671, est intitulée : « Lex Cornelia de Sicariis « et veneficiis (2) ».

Nous allons aborder avec elle l'étude des éléments constitutifs du meurtre en droit romain.

II. Élément constitutif de l'homicide. — Dans notre législation ce crime est ainsi défini par l'article 295 du Code pénal : « L'homicide commis volontairement est qualifié meurtre. » Il résulte des termes de cette disposition que deux conditions sont nécessaires pour constituer le crime de meurtre : 1° l'homicide proprement dit, c'est-à-dire le fait matériel, et 2° la volonté de tuer qui donne à l'acte inculpé sa criminalité spéciale.

(1) Pline, Natural. Hist., lib. 18, c. 33, et lib. 28, c. 2. Festus, aux mots Parici quæstores, et à la fin de la lettre P. Loi 236, in princ. Au Dig., De Verbor. signif.
(2) Dig., XLVIII, 8.

Les Romains n'ont pas eu, d'après nous, la même conception juridique de ce crime : il existe, à leurs yeux, complet et punissable dès l'instant où un homme s'est arrêté à la volonté de tuer un autre homme. La consommation du meurtre n'importe pas à son existence juridique; c'est l'élément moral, c'est la volonté criminelle dépouillée de toute matérialité, que la loi atteint.

De ces deux systèmes, quel est celui qui offre la plus grande somme de garanties à la société et à l'individu? La loi pénale peut-elle rechercher et punir un crime qui n'existe que dans la pensée? Alors que la volonté criminelle a triomphé de la conscience et de la crainte, mais ne s'est manifestée par aucun signe extérieur, la loi peut-elle atteindre cette résolution que nous supposons prouvée, pleine, complète, arrêtée mais inerte et à l'état de repos? Certes la résolution du crime constitue un acte éminemment immoral et la loi, d'autre part, doit avoir le souci de la protection sociale, mais les recherches inquisitoriales auxquelles il faudrait se livrer pour rechercher et constater la résolution criminelle ne risqueraient-elles pas de compromettre gravement la liberté individuelle et de troubler, à leur tour, l'ordre public qu'elles étaient destinées à protéger? Ce sont là autant de problèmes dont il ne nous appartient pas d'aborder l'étude et dont il nous suffisait de signaler le haut intérêt.

La loi romaine, avons-nous dit, considère comme coupable d'homicide « l'homme qui s'est arrêté à la « volonté de tuer un autre autre homme ». Le crime ne saurait donc exister si le but de l'attentat n'est pas d'ôter la vie *à un homme ;* or, on ne considérait pas à Rome comme des créatures humaines les monstres, bien

qu'issus d'une femme, quand ils n'avaient que l'apparence humaine. La loi des Douze Tables permettait de
mettre à mort les avortons et les enfants nouveau-nés
lorsqu'ils étaient monstrueux ou difformes. Ce meurtre
était licite et même ordonné : « *monstrosos partus sine
fraude cædunto* ». Plus tard on distingua deux espèces
de monstres : ceux qui tenaient de la bête autant que
de l'homme et ceux qui n'étaient que contrefaits. Les
premiers seuls pouvaient être mis à mort (1), et encore
fallait-il que ces monstres fussent tués aussitôt après leur
naissance.

Pour que le meurtre existe il faut donc qu'il y ait
eu volonté de porter atteinte à la vie d'un homme; mais
cette expression doit être prise dans un sens général :
« *Lex Cornelia non de certo hominum genere loquitur, sed
« ipsam humanitatem tuetur* ». Ainsi, quel que soit le sexe
de la victime, son âge ou sa religion, qu'elle soit étran-
gère ou régnicole, la loi protège l'humanité tout
entière (2).

Une difficulté s'était toutefois présentée à l'occasion
du crime que nos lois modernes répriment sous la
qualification d'avortement ; les jurisconsultes romains ne
le considéraient pas comme un homicide, car, d'après les
principes de l'école de Zénon (*stoa*) l'enfant encore dans
le sein de la mère n'était pas un être humain. Chrysippe
pensait qu'il ne commençait à vivre qu'après son expul-
sion du ventre de la mère. La femme qui se procurait
un avortement n'était donc pas reconnue coupable par
la loi du crime d'homicide ; mais la morale exigeait

(1) L. 28 et s, *De Verb. signif.*
(2) L. 2, Dig., *De leg. Corn.*

impérieusement que la femme qui commettait un acte aussi contraire à la loi de nature ne demeurât pas impunie : Ulpien nous rapporte en effet que l'avortement entraînait pour la femme qui s'en rendait coupable la peine de l'exil (1) qui, en ce cas, était temporaire ; cette peine était en outre infligée à la suite d'un *judicium extraordinarium,* car ce crime, n'étant pas en réalité un homicide, n'était pas réprimé par la loi Cornelia (2).

L'infanticide était d'ailleurs puni à l'égal de l'homicide, sauf l'observation que nous avons faite précédemment sur la légitimité du meurtre des enfants difformes ou monstrueux (3).

L'incapacité civile de l'esclave n'était, à Rome, que la conséquence du principe qui ne voyait en lui qu'une chose et non une personne; il était complètement inca-

---

(1) L. 8, *Ulp., lib.* 33, *Ad ro.;* — L. 5, § *De Extr. crim.;* — L. 39, § *De Pœnis.*

(2) Si la femme avait agi par cupidité, si, par exemple, elle avait reçu de l'argent des héritiers du mari pour commettre son crime, elle encourait la peine de mort. Quant aux complices, ils étaient passibles de la relégation dans une île avec confiscation des biens et même du dernier supplice, si les substances par eux administrées avaient occasionné la mort. La loi romaine distinguait encore, suivant que le complice avait donné par erreur, sans aucun mauvais dessein, un breuvage capable de faire avorter une femme, ou qu'il avait joint l'intention à l'effet. Le premier, « quoiqu'il ne fût coupable d'aucun dol et « précisément parce que son exemple pourrait entraîner des consé- « quences dangereuses, devait être condamné aux mines s'il était de « basse condition, mais s'il tenait un état honnête, on devait le reléguer « dans une île en confisquant une partie de ses biens. Le second « devait être condamné au dernier supplice ». L. 38, § 5-39, *De Pœnis.*

(3) L. 8, c. IX, 16. Les empereurs Valentinien, Valens et Gratien font sans doute allusion dans cette loi aux sacrifices secrets d'enfants que l'on faisait à Saturne, surtout en Afrique *(Tertullien, in Apolog.);* cette coutume barbare a en effet persisté jusqu'au règne de Valentinien.

pable aussi bien de promettre que de stipuler, et ce n'est qu'en vertu d'une fiction qu'on parvint à lui accorder la faculté de stipuler au profit de son maître ; il devint ainsi un instrument régulier d'acquisition en revêtant la personne de son maître.

La législation pénale ne considérait également à l'origine l'esclave dans ses rapports avec son maître que comme une chose, et nous verrons dans la suite de notre étude les pouvoirs qui résultaient pour le maître de son droit de propriété sur ses esclaves. Mais le meurtre de l'esclave d'autrui était-il réprimé ? Aux termes d'un jugement d'Ulpien : « *Si dolo servus occisus* « *sit, et lege Cornelia agere dominum posse constat; et, si* « *lege Aquilia egerit, præjudicium fieri Corneliæ non* « *debet* (1) ».

Ainsi il ne faut pas croire que le meurtre d'un esclave ne fût puni par les Romains que d'une réparation pécuniaire, comme celui d'une bête de somme. L'action de la loi Aquilia était relative à l'indemnité civile seulement ; mais le maître avait aussi contre le meurtrier l'accusation criminelle de la loi Aquilia qui punit le meurtre d'une peine publique. Et même, comme le dit Ulpien, la première intentée ne faisait pas préjudice à l'autre. L'empereur Gordien a dit en outre dans un rescrit : « *Ex morte ancillæ, quàm cæsam con-* « *questus es, tam legis Aquiliæ damni saniendi gratia ac-* « *tionem, quam aiminalem accusationem adversus obnoxium* « *cumpetere tibi posse non ambigitur* (2) ».

Si donc le maître a conservé longtemps le droit de

(1) L. 23, § 9 et s., *Ad leg. Aquil.*, IX, 2, Ulp.
(2) L. 3, Code, III, 35.

mettre à mort son esclave, ce n'était qu'à raison de son droit absolu de propriété *(uti et abuti);* toute autre personne qui commettait un homicide envers un esclave était passible des peines édictées par la loi Cornelia : « *Et qui hominem occiderit punitur, non habita differentia* « *cujus conditionis hominem interemit* (1) ». Mais les actions qui résultaient de ce crime naissaient en la personne du maître qui était considérée comme atteinte par le meurtre de son esclave.

L'élément essentiel du meurtre, consiste, avons-nous dit, dans la volonté de donner la mort ; sans elle, point de culpabilité et seule elle suffit à constituer le crime.

Établissons d'abord que sans volonté criminelle la culpabilité n'existe pas : « *Crimen enim contrahitur si et* « *voluntas nocendi intercedat. Cæterum ea quæ ex impro-* « *viso casu potius quam fraude accidunt, fato plerumque* « *non noxæ imputantur* (2) ».

L'homicide accidentel ne constitue aux yeux de la loi romaine ni crime, ni délit, car il n'est le résultat d'aucun dol ni d'aucune faute de la part de celui qui l'a commis : « *Casuale dicitur homicidium, quod casu inopi-* « *nato, nullo prorsus dolo, nullâ culpâ interveniente vel* , « *præcedente, committitur* (3) ». L'homicide est purement casuel, lorsque, par exemple, il a été causé par les armes des soldats qui s'exerçaient dans le lieu réservé aux exercices : « *Si id a milite in eo campo ubi solitum est* « *exercitari, admissum est, nulla culpa ejus intelligitur* » ;

(1) L. 1, § 2 et s., *Ad leg. Corn.*
(2) L. 1, *Ad leg. Corn.*
(3) Julius Clarus, homic., n° 2.

s'il a été causé par des ouvriers travaillant à un bâti-
ment, pourvu que ceux-ci aient pris la précaution
d'avertir les passants ou de mettre un signal : « *Si pro-
« clamavit nec ille curavit præcavere extra culpam est* (1) »;
s'il a été causé par le rasoir d'un barbier qui, au
moment où il rasait dans sa boutique, a été violem-
ment poussé par un tiers (2).

La même impunité était-elle assurée à Rome à
l'auteur d'un homicide par imprudence ? Ainsi lorsqu'un
soldat s'exerçant aux armes dans un lieu spécialement
destiné à cet exercice tue une personne qui s'y était
imprudemment engagée, il n'y a point de faute ; mais
ne devient-il coupable d'imprudence s'il se livrait à ces
exercices dans un lieu qui n'était pas consacré à cet
usage ? La loi romaine ne laissait pas de telles fautes
impunies, mais, comme toute intention criminelle faisait
défaut, la répression de ces infractions n'était pas organisée par la loi Cornelia : « *In hoc lege*, dit Paul, *culpa*
« *lata pro dolo non accipitur. Quare si quis ex alto se*
« *præcipitaverit et super alium venerit eumque occiderit,*
« *aut putator, ex arbore cum ramum dejiceret, non procla-*
« *maverit et prætereuntem occiderit, ad hujus legis coerci-*
« *tionem non pertinet* (3) ».

Ainsi de même les mères et les nourrices qui par
leur imprudence étouffent les enfants qu'elles nourris-
sent ; les cochers et charretiers, qui soit par leur mala-
dresse, soit par leur impuissance, n'ont pas su contenir
leurs chevaux et causent des accidents sur leur passage ;

(1) *Instit., lib.* 4, *tit.* 3, *De lege Aquil.,* § 4.
(2) Loc. cit.
(3) L. 7, Dig., *Ad leg. Corn.*

toutes ces infractions rentrent dans les termes de la loi Aquilia, car chacune peut être imputée à une faute, à une imprudence : « *Culpâ tenetur... qui cum equo veheretur* « *impetum ejus aut propter infirmitatem aut propter impe-* « *ritiam suam retinere non potuit* (1). »

III. Résolution. — La volonté criminelle est donc nécessaire pour que l'inculpation existe : il nous faut maintenant aborder la preuve de notre seconde affirmation, à savoir que la loi Cornelia punit la simple résolution du crime de meurtre. Nous avons déjà cité le fragment ainsi conçu du jurisconsulte Paul : « *In lege Corneliâ* « *dolus pro facto accipitur* » ; n'est-ce pas à dire qu'en notre matière la résolution criminelle est punissable sans qu'il soit nécessaire qu'elle se soit manifestée par un commencement d'exécution ?

On pourrait nous faire toutefois l'objection suivante : Dans ce passage, Paul oppose simplement le dol à la faute lourde et ne fait que confirmer les observations que nous avons déjà présentées, à savoir que la loi Aquilia ne suppose qu'une faute, tandis que la loi Cornelia frappe l'agent qui a commis son crime en pleine connaissance de cause. Ce texte prouverait de la sorte qu'en notre matière la volonté criminelle est nécessaire sans établir qu'elle soit suffisante.

Nous ne méconnaissons point que la première partie de ce texte semble consacré à établir une opposition entre la loi Cornelia et la loi Aquilia au point de vue qui nous occupe, mais il n'en est pas moins vrai que le

(1) *Instit., De leg. Aquil.,* § 8.

jurisconsulte affirme l'équivalence, en matière d'homicide, de la résolution et du crime exécuté et fait ressortir de la sorte une nouvelle différence avec l'inculpation de la loi Aquilia ; il fallait en effet, pour que celle-ci existât, que le dommage eût été causé « *corpori* et *corpore* », sinon l'on était en dehors des termes de la loi ; il devait être causé « *corpori* », c'est-à-dire qu'il consistait essentiellement dans la destruction ou la dégradation d'une chose corporelle, il fallait un fait positif. La loi Cornelia n'exigeait pas de condition de cette nature : Le fait ici importe peu : « *dolus pro facto* « *accipitur.* »

Le même jurisconsulte semble n'avoir point voulu laisser de doutes sur la question et, dans un passage de ses Sentences, il s'attache à prouver que la matérialité du crime n'a pas d'influence sur la culpabilité ; il s'exprime à ce sujet en ces termes : « *Qui hominem occiderit, ali-* « *quando absolvitur et qui non occidit ut homicida damnatur ;* « *consilium enim uniuscujusque non factum puniendum* « *est* (1). »

La résolution criminelle est donc réprimée par la loi Cornelia, qu'elle se soit ou non manifestée par un commencement d'exécution (2).

IV. ACTES PRÉPARATOIRES. — La loi Cornelia ne se bornait pas à réprimer également la résolution du crime

(1) *Pauli, Sent., lib. V, tit.* 23, § 3.
(2) La législation russe est la seule qui, de nos jours, punisse la simple résolution criminelle. L'art. 111 du Code pénal russe est en effet ainsi conçu : « Quiconque manifeste de vive voix, par écrit ou par un « acte quelconque qu'il ait l'intention de commettre un délit, est punis- « sable pour cette intention coupable, du moins dans les cas prévus par la loi. »

et le crime exécuté ; elle attachait en outre la même
pénalité aux actes préparatoires ; ainsi elle prévoyait le
port d'armes destinées à tuer ou à voler, car, disent les
commentateurs, les voleurs qui portent des armes s'en
servent également pour tuer ceux qui voudraient les
empêcher de mettre leurs projets à exécution. Il était
d'ailleurs interdit de porter des armes avant la loi Cornelia : ainsi dans l'Aululaire de Plaute on trouve le dia-
logue suivant : E. *Ad tres viros jam ego deferam tuum
nomen.* — C. *Quamobrem ?* — E. *Quia culcrum habes.* —
C. *Coquum decet.* Le port de la sica, comme nous l'avons
dit précédemment était défendu et l'on dénonçait aux
triumvirs ceux qu'on trouvait saisis de cet instrument à
moins qu'il ne leur fût nécessaire dans l'exercice de leur
profession.

Aux termes d'un rescrit de Dioclétien et Maximien,
la peine de la loi Cornelia était encourue par celui qui
était porteur d'armes destinées à tuer, comme par celui
qui avait tué ou à l'instigation de qui le meurtre avait
été commis (1).

Cependant toute personne qui était trouvée munie
d'armes, n'était pas présumée les porter dans l'intention
de tuer, car on peut ne les destiner qu'à sa défense person-
nelle et rien n'est plus licite (2) ; aussi, pour être puni des
peines de l'homicide fallait-il que la personne sur laquelle
on avait découvert des armes fût convaincue d'intentions
criminelles.

V. TENTATIVE. — Les dispositions contenues dans

(1) L. 7, au C. IX, 16, *Ad leg. Corn.*
(2) L. 11, §, 2, Dig., *Ad leg.;* — Jul., *De republ.;* — Paul, lib. 5,
Sent.

la loi Cornelia, combinées avec d'autres textes qui paraissent les contredire, ont soulevé parmi les commentateurs de longues controverses sur la question de savoir comment la tentative était réprimée en droit romain.

Nous allons d'abord énumérer successivement les textes principaux qui se rapportent à cette difficulté ; nous exposerons ensuite les différents systèmes que les jurisconsultes ont proposés pour les mettre en harmonie, et nous nous efforcerons ensuite de démontrer qu'ils viennent confirmer l'opinion que nous avons émise et aux termes de laquelle en matière d'homicide la loi Cornelia réprimait également la pensée criminelle, quel que soit le degré d'exécution auquel elle soit parvenue.

La loi première de *Extr. Crimin.* distingue le crime consommé du crime commencé et n'applique au second qu'une moindre peine : « *Perfecto flagitio punitur capite,* « *imperfecto in insulam deportatur.* »

La loi 19 au Digeste *de Lege Cornelia de Falcis* exempte de tout châtiment la tentative volontairement abandonnée : « *Qui falsam monetam percusserint,* dit cette « loi, *si id totum formare noluerunt, suffragio justæ pæni-* « *tentiæ absolvuntur.* » Enfin une autre loi (L. 21, § 7 et s. *de Furtis*), distinguant nettement les actes préparatoires des actes d'exécution, affranchit les premiers de toute peine, à moins que par eux-mêmes ils ne constituent un autre délit.

Mais d'autres textes assimilent la tentative et même les actes préparatoires au crime consommé. Nous avons vu notamment que la loi Cornelia réprimait des peines de l'homicide le fait de porter des armes destinées à tuer ou à voler ; ainsi, aux termes d'un rescrit des empe-

reurs Dioclétien et Maximien « *is qui cum telo ambulaverit,*
« *hominis necandi causâ, sicut is qui hominem occiderit,*
« *vel cujus dolo malo factum erit commissum, legis Corneliæ*
« *de sicari is pœnâ coercetur* (1) ». Et le jurisconsulte Paul
dit expressément dans ses Sentences, au sujet de la loi
Cornelia : « *Ideoque qui cum vellet occidere, id casu aliquo
perpetrare non potuerit, ut homicida punietur* (2) ».

Pour concilier ces antinomies, MM. Chauveau et
Faustin Hélie ont prétendu qu'en thèse générale, les
jurisconsultes romains distinguaient le crime commencé
du crime consommé ; mais que toutefois, à l'égard de
l'assassinat et des crimes atroces, la tentative était punie
comme le crime même.

M. Ortolan (3) enseigne de son côté que ces appa-
rentes contradictions des textes romains s'expliquent
clairement par des considérations historiques. Les incriminations en droit romain, dit cet auteur, se divisaient
en incriminations ordinaires et incriminations extraordi-
nairet : les premières étaient celles dont les caractères
étaient textuellemeet déterminés et la procédure spécialement organisée par une loi : ici c'est au texte de la loi
qu'il fallait obéir ; les incriminations devaient être prises
telles que cette loi les avait formulées, suivant l'interprétation qu'en donnait la jurisprudence ; si des actes
formant tentative se trouvaient, d'après cette jurisprudence, compris dans les dispositions de la loi, ils tombaient sous le coup de l'exécution de cette loi, sinon ils
restaient en dehors et ne pouvaient plus être réprimés

(1) L. 7, au C., *Ad leg. Corn.*
(2) *Pauli, Sent., lib. V, tit.* 23, § 3.
(3) Ortolan, *Elém. de Dr. pénal,* t. I, p. 430, en note.

que par la juridiction extraordinaire (L. I, pr. *de extr. crim.*). C'est dans cette catégorie que se rangent les incriminations prévues par les lois Cornelia *de Sicariis,* Pompeia *de Parricidiis,* Julia, *Majestatis,* et c'est à ce principe qu'obéissent les nombreux textes qui se réfèrent à ces lois. Les secondes étaient celles qui ne se trouvaient pas formellement réglementées et dont la poursuite n'était pas spécialement organisée par une loi ; elles tombaient sous le coup de la juridiction extraordinaire du magistrat, et c'était ici que la jurisprudence romaine, n'étant pas enchaînée dans les formules impératives d'une loi, voulait que la tentative fût moins punie que le crime consommé. M. Ortolan fait en outre remarquer que ce n'était pas à titre de tentative, mais comme un crime spécial, que la loi Cornelia punissait celui qui marchait armé dans l'intention de tuer ou de voler, celui qui fabriquait ou possédait des poisons dans l'intention de tuer ou qui vendait en public des substances dangereuses, et tant d'autres incriminations variées que cette loi définissait et qu'elle frappait toutes de la même peine.

Ne faut-il pas croire plutôt qu'il n'existait pas en droit pénal romain de principe général sur la répression de la tentative ? Lorsqu'intervenait une loi destinée à réprimer une infraction spéciale, la question se posait de savoir si la tentative serait, dans l'espèce, assimilée au délit accompli ou si elle ne serait punie que d'une peine atténuée : et l'on résolvait la question différemment suivant que l'intérêt social semblait exiger une répression plus ou moins sévère.

La loi Cornelia a frappé également celui qui a résolu de commettre un meurtre — celui qui s'est armé dans l'intention de réaliser son projet — celui qui a tenté de le mettre à exécution et celui qui l'a exécuté — que son attentat ait d'ailleurs réussi ou non, et d'après l'opinion que nous avons admise, elle ne devait pas établir dans les pénalités des gradations correspondantes aux différentes phases que l'on peut distinguer dans l'exécution d'un crime ; car elle a puisé le critérium de la culpabilité, non pas dans la matérialité des faits mais dans la pensée criminelle ; car elle a trouvé que ce qui était punissable, c'était la volonté homicide et non ses conséquences, or cette volonté homicide, elle existe au même degré et avec la même perversité, que le sang ait été ou non versé, lors de la conception du crime ou lors de son exécution.

VI. Causes de non imputabilité. — La culpabilité n'existe aux yeux de la loi romaine qu'à raison de la volonté criminelle ; et la volonté est une opération de l'intelligence qui implique chez l'agent la raison et la liberté : il ne saurait donc y avoir imputabilité si le crime a été résolu par une personne en état de démence ou qui se trouvait sous l'empire d'une contrainte irrésistible.

L'absence d'intelligence constitue une cause de non-imputabilité ; la loi Cornelia reconnaît à deux faits le pouvoir d'effacer la responsabilité pénale : l'extrême jeunesse et la démence.

1° *Infantia*. — « *Infans vel furiosus, si hominem occi-* « *derint, lege Cornelia non tenentur ; cum alterum inno-* « *centia consilii tuetur, alterum fati infelicitas excusat* (1) ».

_____

(1) Fr. 12, § *Ad leg. Corn.*

2

L'infans, étant encore dépourvu de tout discernement, est considéré comme irresponsable ; mais qu'est-ce
que l'infantia ? Dans le dernier état du droit il n'est pas
douteux que ce mot désigne les sept premières années
de la vie ; cela résulte de deux constitutions en date des
années 406 et 427, dont l'une appartient aux empereurs
Arcadius, Honorius et Théodose (1), l'autre à Théodose
et Valentinien (2). Ces deux constitutions contiennent
visiblement une innovation, et de là plusieurs interprètes,
s'appuyant en outre sur un passage de Théophile (sur
le § 10 *de Inst. stip.*) et surtout sur le sens étymologique
des mots infans et infantia, ont cru qu'à l'époque
classique l'infantia cessait par la seule acquisition de la
parole, de telle sorte que la responsabilité du pupille
aurait varié selon le développement plus ou moins pré-
coce de son organe vocal. Il est certain que le mot infans
dans son sens originaire signifie « qui ne parle pas », et
les textes emploient, il est vrai, fort souvent comme
synonymes de ce mot les expressions « *qui fari* » ou
« *qui loqui non potest* », de telle façon qu'à s'en tenir
aux premières apparences on croirait volontiers que
l'irresponsabilité absolue du pupille cesse dès qu'il prononce des paroles. Mais la langue du droit s'écarte ici,
comme dans bien d'autres cas, du sens étymologique, et
par le mot « *infans* » les jurisconsultes entendent tout
mineur âgé de moins de sept ans, soit que réellement il
ne parle pas encore, soit qu'il ait l'usage de la parole :
l'infantia ne correspond pas à un simple fait matériel,
elle désigne dans son ensemble la première phase que

(1) L. 8, *De Corn. mat.,* VIII, 18, au Code Théodosien.
(2) L. 18, *C. de jure delib.,* VI, 30.

traverse l'être humain, celle dans laquelle la sensation domine encore et où l'intelligence déjà éveillée mais peu maîtresse de ses conceptions, imprime en elle-même les images du monde extérieur plutôt qu'elle ne combine des idées pour en tirer des jugements. Si les jurisconsultes prolongent cette phase jusqu'à sept ans, c'est qu'ils obéissent à une théorie de certains philosophes et médecins de l'antiquité, reproduite même en nos temps modernes dans un ouvrage célèbre de Cabanis, d'après laquelle de sept ans en sept ans il s'opérait dans l'homme une transformation physique et morale.

Au sortir de l'*infantia*, la responsabilité est complète; il résulte en effet d'un rescrit des empereurs Dioclétien et Maximien que : « *Si quis te reum legis Corneliæ de sica-* « *riis fecerit, innocentiâ purgari crimen, non adultâ ætate* *defendi convenit* ». Ce texte permet, nous semble-t-il, de ne pas étendre aux matières pénales les distinctions établies par les jurisconsultes entre les *infantiæ proximi*, c'est-à-dire qui n'ont pas encore sept ans révolus, et les *pubertati proximi* qui ont dépassé cet âge. Les conséquences de ces distinctions, telles qu'elles nous apparaissent dans les fragments des jurisconsultes romains parvenus jusqu'à nous, ne se réfèrent en majeure partie qu'aux affaires civiles; plusieurs de ces fragments sont relatifs à ces actions que le droit pénal qualifiait de pénales, mais qui n'avaient en réalité qu'un caractère privé; quelques-uns, en très petit nombre, ont trait véritablement à la pénalité publique par voie d'accusation, sans nous offrir pour ces matières de règle générale précise (1).

(1) Voici les textes les plus généraux : « *Impunitas delicti propter* « *ætatem non datur, si modo in ea quis sit, inquam crimen quod intendi-*

Démence. — L'homme en état de démence ne saurait être responsable de ses actions devant la loi pénale, car elles ne peuvent avoir aucune moralité et, s'il fait le mal, c'est sans avoir la faculté de le discerner du bien. Aussi a-t-on toujours tenu pour constant que le malheureux, dont la raison est enchaînée, n'est passible d'aucune peine et se trouve en dehors de l'application de la loi criminelle.

Notre loi s'explique en ces termes à son sujet : « *Furiosus, si hominem occiderit, lege Cornelia non tenetur;* « *fati infelecitas eum excusat* ». Nous ne croyons pas qu'il faille attacher d'importance à l'expression « *furiosus* » dont le texte s'est servi; les jurisconsultes distinguaient les *furiosi* et les *mente capti* et qualifiaient de « *mente capti* » ceux dont la démence n'était pas semée d'intervalles lucides; mais ces nuances qui se justifient en matière civile, alors qu'il s'agit de limiter la capacité d'un homme dont la raison est plus ou moins obscurcie, ne se comprendraient pas en matière criminelle. L'expression « *furiosi* » est prise dans notre texte dans son sens général et s'applique à toute personne dénuée de raison et incapable de volonté au moment où elle enfreint la loi pénale.

Quant aux motifs tirés des lois *Cornelia et Pompeia de Parricidiis* « *Fati infelicitas excusat* (1) » « *Satis furore* « *ipso punitur : sufficit furore ipso eum puniri* (2) », ils ne

« *tur, caduc potest.* » (Cod. 9, 47, *De Pœnis,* Const. Alex. Sev.) — « *Vero in omnibus pœnalibus judiciis et œtati et impudentiœ succurritur.*» (Dig., 50, 17, *De Regul. juris,* 108, p. Paul.) — V. aussi Dig., 4 et 19, *De Pœnis,* 16, § 3, p. Claude Saturnin.

(1) Dig., XLVIII, 8, *Ad leg. Corn. de Sic.,* 12, p. Modestin.
(2) Dig., XLVIII, 9, *Ad leg. Pomp. de Parricid.,* 9, § 2, p. Modestin.

doivent être considérés que comme une phraséologie peu rationnelle. Nous savons en effet que ce n'est point en considération du malheur de sa destinée, ni parce que sa folie serait pour lui une peine suffisante, que l'insensé n'est pas punissable; c'est parce qu'il n'offre pas en sa personne les éléments voulus pour l'imputabilité. Au lieu de ces phrases sans fondement, la loi Cornelia aurait pu invoquer cet autre motif invoqué par Ulpien et qui se rapproche bien plus de la vérité : « *Quæ enim in eo culpa* « *sit, cum suæ mentis non sit* (1)? » « *Namque hi pati inju-* « *riam solent, non facere : cum enim injuria ex affectu* « *facientis consistat* (2) ».

La loi Cornelia ne s'explique pas sur l'irresponsabilité qui peut résulter de l'état d'ivresse; on trouve dans la lé- gislation romaine quelques textes qui considèrent l'ivresse comme constituant une sorte d'excuse, une cause d'atté- nuation de la peine encourue. Ces textes ne prononcent pas sans doute l'impunité de tels faits, mais tous paraissent voir dans l'ivresse, sans entrer d'ailleurs dans des détails bien précis, une cause d'atténuation ou d'excuse : le jurisconsulte Marcien dit à ce sujet (3) : « *Delinquitur* « *autem aut proposito, aut impetu, aut casu : Proposito* « *delinquunt latrones qui factionem habent. Impetu autem* « *cum per ebrietatem ad manus, aut ad ferrum venitur;* « *casu vero, cum in venando telum in feram missum, homi-* « *nem interfecit* ». Une peine atténuée était appliquée, d'après les jurisconsultes, non en raison du délit commis

(1) Dig , IX, 2, *Ad leg. Aquil.,* 5, § 2, p. Ulp.
(2) Dig., XLVII, 10, *De Injuriis et fam. libellis,* 3, § 1, p. Ulp.
(3) Fr. 11, § 2, Dig., *De Pœnis,* XLVIII, 19. V. également, p. 6, § 7, Dig., *De re militari,* XLIX, 15.

en état d'ivresse, puisque le fait matériel dépourvu d'intention ne constitue pas un délit, mais à raison de la faute que son auteur a commise en s'enivrant : « *Ebrius* « *punitur non propter delictum, sed propter ebrietatem* (1) ».

Contrainte. — Il peut se faire que, l'homme étant doué de toutes ses facultés, ayant en lui la raison et la liberté morale, une force extérieure vienne plus ou moins opprimer cette liberté et l'empêcher d'en faire usage. La liberté morale existe, l'exercice en est arrêté ou faussé par un obstacle extérieur.

Oppression intérieure ou extérieure, peu importe ; s'il y a eu absence de liberté chez l'agent, il n'y a pas l'imputabilité.

La loi ne réprime donc pas le crime commis sous l'empire de violences physiques et toutes matérielles. Mais en outre l'homicide commis en exécution d'un ordre de la loi n'est pas punissable : « *Qui jussu judicis* « *aliquid facit, non videtur dolo malo facere, qui parere* « *necesse est* (2) ». L'exécuteur des hautes œuvres qui exécute un malfaiteur condamné en vertu d'un arrêt rendu conformément aux lois n'est pas plus punissable que le juge qui a prononcé la condamnation.

Mais quel était en droit romain l'effet du commandement donné par le maître à ses esclaves ? en résultait-il une contrainte de nature à supprimer toute imputabilité ? L'ordre du maître justifiait en général les esclaves : la servitude et la crainte étaient censées paralyser leur intelligence et enchaîner leur volonté. » *Is damnum dat qui*

---

(1) *Farinacius, quæst.*, 93, n° 4.
(2) L. 167, Dig., *De Regul. juris*.

« *jubet dare ; ejus vero nulla culpa est, cui parere necesse* « *est* (1) ». Et cependant cette maxime admettait des restrictions : si l'ordre avait pour objet un homicide, un crime atroce, la servitude n'était plus une cause suffisante de justification : « *Servus non in omnibus rebus sine* « *pœnâ domini dicto audiens esse solet : sicuti si dominus* « *hominem occidere... servum jussisset* (2). » « *Ad ea quæ* « *non habent atrocitatem facinoris vel sceleris ignoscitur* « *servis si dominis... obtemperaverint* (3). »

L'ordre du père de famille pouvait être en droit romain une cause d'atténuation de la peine, mais ne justifiait pas complètement le fils en puissance qui avait commis un homicide. Vainement aurait-il allégué une contrainte irrésistible; la soumission filiale a des limites que la raison comme la morale reconnaissent : « *Non omnia necesse est facere liberis quæcumque patres imperant. Multa sunt quæ fieri non possunt : Si imperes filio ut sententiam dicat contra quam existimat, si testimonium jubeas dici ejus rei quam ignorat, si Capitolium me incendere jubeas* (4). »

VII. Causes de non culpabilité. — 1° *Légitime défense.* — La nécessité de la défense justifie l'homicide dans le droit pénal romain : le droit de défendre notre vie lorsqu'elle est menacée est, suivant l'expression de Cicéron, une loi de notre nature même, car la nature a déposé au fond de notre âme l'instinct conservateur de

(1) Dig., l. 619, *De Regul. juris.*
(2) L. 20, Dig., *De oblig. et act.*
(3) L. 157, Dig., *De Regul. juris.*
(4) Aulu-Gelle, *Declam.*, CC., I, 21.

l'existence : « *Est hæc non scripta, sed nata lex : quam*
« *non didicimus, accipimus, legimus, verum ex naturâ*
« *ipsâ adripimus, hausimus, expressimus ; ad quam non*
« *docti, sed facti, non instituti, sed imbuti sumus ; ut si*
« *vita nostra in aliquas insidias, si in vim, in tela aut*
« *latronum aut inimicorum incidisset, omnis honesta ratio*
« *esset expedienda salutis* (1) ». La loi romaine avait fait
un axiome de ce principe de droit naturel et le Digeste
l'avait inscrit à la première page de ses lois : « *Quod*
« *quisque ob tutelam corporis sui fecerit, jure fecisse exis-*
« *timetur* (2) ; » il domine tous les cas de responsabilité,
même civile ; c'est ainsi que Gaïus décide, en l'invoquant, que celui qui a tué un esclave en défendant sa
vie, n'est pas responsable du dommage causé (3).

La loi Cornelia contient différentes dispositions à ce
sujet : « *Is qui agressorem vel quemcumque alium in dubio*
« *ritæ discrimine constitutus occiderit, nullam ob id factum*
« *calumniam metuere debet* (4) ». Un autre rescrit du
même empereur Gordien est ainsi conçu : « *Si quis*
« *percussorem ad se venientem gladio repulerit, non ut ho-*
« *micida tenetur quia defensor propriæ salutis in nullo*
« *peccasse videtur* (5). »

De ces différentes dispositions il résulte que pour être
en état de légitime défense la vie doit avoir été mise en
danger ; toutefois, certains interprètes de la loi romaine,
sans s'appuyer sur aucun texte précis, étendaient la légi-
gime défense à la défense des biens : la Glose le déclarait

(1) Cic., 62, *Pro Milone*, ch. 4.
(2) L. 3, Dig., *De Justitia et jure*.
(3) L. 4, Dig., *Ad leg. Aquil.*
(4) L. 2, C. IX, 16.
(5) L. 3, C. IX, 16.

formellement : « *Si surripientem res suas interfecisti, nec*
« *lege Cornelia de sicariis tenebris* (1) ». Cependant
quelques doutes ne tardèrent pas à s'élever parmi les
commentateurs : « La vie, les membres de notre corps,
« dit Puffendorf, étant des choses irréparables, il ne faut
« pas s'étonner que la nécessité de la défendre donne de
« si grands privilèges. Mais quand il s'agit seulement
« de la perte des biens que l'on possède, qui sont de
« nature à pouvoir être réparés et dont quelques-uns ne
« paraissent pas absolument nécessaires à la vie, il y a
« lieu de douter si l'on peut pousser la défense jusqu'à
« tuer celui qui veut nous les ravir et qui nous en a
« dépouillés actuellement (2) ». Muyart de Vouglans
tranchait la question en termes formels : « La perte des
« biens, dit cet auteur, n'est point comme celle de la
« vie et de l'honneur, absolument irréparable, et il n'y a
« d'ailleurs aucune proportion entre les biens et la vie de
« celui que l'on tuerait pour les conserver (3) ». C'est
là évidemment l'opinion la plus conforme aux termes et
à l'esprit de la législation romaine.

Mais l'impunité était-elle assurée à celui qui avait tué
ou blessé pour la défense d'autrui ? Il semble bien
qu'Adrien (4) ait étendu le bénéfice de la légitime défense à l'homicide commis en défendant les « siens »,
mais cette disposition spéciale ne permettait pas de faire
rentrer, à l'aide d'analogie, dans cette expression, les

---

(1) *In* l. 3, *Ad leg. Corn. de Sic.; Farinacius quæst.,* 125, nᵒˢ 213
et 215.
(2) Puffendorf, *Droit de la nature et des gens,* l. 2, ch. 5, § 32.
(3) Lois crimin., p. 32.
(4) L. 1, § 4, *Ad leg. Corn.*

amis, les hôtes, les voisins, comme l'ont fait les docteurs (1).

La défense contre des outrages irréparables et auxquels, suivant l'expression de Sénèque, la mort est préférable, tels que le viol et la tentative de viol, légiti-
maient l'homicide. La nécessité, qui sert de fondement
à la défense, se présente ici dans toute sa force ; l'homicide n'est plus un crime dès qu'il est le seul moyen de
sauver l'honneur. Ce principe était écrit dans la loi
romaine et le jurisconsulte Paul mettait sur la même
ligne l'homicide commis pour défendre soit la vie, soit
l'honneur : « *Qui latronem cædem sibi inferentem, vel*
« *alium quemlibet stuprum inferentem occiderit, puniri non*
« *placerit ; alius enim vitam, alius pudorem publico facinore*
« *defendit* (2) ».

Le droit de la défense ne peut naître que d'un péril
actuel, il suppose ce péril même. « Pour user du droit
« de se défendre, dit Puffendorf, il faut que le danger
« soit présent et comme enfermé dans un point invi-
« sible (3) » ; ce point est le moment où l'agresseur
commence son attaque : « *Eum igitur qui cum armis*
« *venit, possumus armis repellere, sed hoc confestius, non ex*
« *intervallo* (4). »

Ainsi les menaces même de mort n'autorisaient pas
l'homicide, car elles ne font naître qu'un péril éloigné et
qui n'exige pas une défense actuelle : « Or, il n'y a ni
« soupçon ni crainte d'un péril encore incertain, dit Puf-

(1) Baldus, *in* l. 29 au C. *unde vi ;* — Julius Clarus, § *Homicidium,* n° 28.
(2) *Recept. Sent.,* lib. 5, tit. 23, *Ad leg. Corn.,* § 3.
(3) *Droits de la nat. et des gens,* l. 2, ch. 5, p. 498.
(4) L. 4, Dig., *De vi et vi armata.*

« fendorf, qui suffise pour donner droit de prévenir celui
« dont on appréhende quelque chose. » Le péril naît au
moment où l'agresseur s'avance contre vous avec des
armes et en témoignant de son dessein ; il cesse quand
l'attaque a été repoussée : « *Illud solum qui vim infert
conceditur et hoc si tuendi duntaxat, non etiam ulciscendi causâ*
« *factum sit* (1). » Mais il n'est pas nécessaire d'attendre
le danger : « *Si quis percussorem ad se venientem gladio*
« *repulserit, non ut homicida tenetur, quia defensor propriæ*
« *solutis in nullo peccasse videtur* » (2). Puffendorf déve-
loppe cette loi : « Si j'aperçois, dit-il, un homme qui
« vient fondre sur moi l'épée à la main, d'un air qui
« donne suffisamment à entendre qu'il veut me la passer
« au travers du corps et que d'ailleurs je ne trouve point
« d'endroit où me réfugier, je puis lui décharger un
« coup de pistolet avant qu'il soit tout auprès de moi et
« à portée de me toucher avec son épée, de peur que s'il
« s'avance trop, je ne sois plus en état de me servir de
« mon arme ». C'est dans ce sens qu'il faut entendre
cette loi romaine : « *Melius est occurrere in tempore, quam*
« *post exitum vindicare* (3). » Ce ne sont pas en effet les
coups ni les blessures qui rendent la défense légitime,
c'est le péril qui naît de l'agression : le seul point à
constater est donc l'existence et le caractère menaçant de
cette agression.

D'autre part, la défense n'est nécessaire et ne con-
serve le caractère de légitimité qu'elle puise dans la loi
de la conservation de la personne, qu'autant qu'elle

(1) L. 4, Dig., *De vi* et *armata.*
(2) L. 3, C. *Ad leg. Corn.*
(3) L. 1, C. *Quando liceat unicuique sine judice se vindicare.*

n'excède point la mesure d'efforts suffisants pour repousser l'agression : Par exemple, celui-là excède les bornes d'une légitime défense qui se sert d'armes meurtrières lorsque l'agresseur n'en avait pas ou qui lui porte des blessures après l'avoir désarmé ou qui consomme l'homicide sur l'agresseur en fuite alors que rien n'indiquait un retour offensif de sa part (1).

Le droit de repousser les attaques noctures, sans craindre de commettre ni crime, ni délit, est consacré par les législations les plus reculées : la loi de Solon s'exprimait à ce sujet en ces termes : « Si quelqu'un dérobe de « nuit quoi que ce soit, il sera permis de le tuer ou de le « blesser en le poursuivant (2). » Les décemvirs, à l'imitation du législateur athénien, statuèrent qu'un voleur pris en flagrant délit au milieu des ténèbres de la nuit, pourrait être tué impunément. Cicéron, Aulu-Gelle, Macrobe et Gaïus nous ont conservé cette disposition de la loi des Douze Tables. Quoique celui qui tuait un voleur de nuit n'encourût pas la peine prononcée par la loi Cornelia *de Sicariis*, qui ne punissait que les meurtres commis avec mauvaise intention et frauduleusement, néanmoins il tombait sous le coup de la loi Aquilia si, pouvant se dispenser de tuer le voleur, il lui ôtait la vie, ce qui était considéré comme un trait d'inhumanité.

La loi Aquilia réprimait toute espèce de faute ; et qui-

---

(1) L. 3, Dig., *De vi* et *vi armata*.

(2) C'était là aussi une des maximes de Platon : « Si quelqu'un, « dit ce philosophe, surprend de nuit dans sa maison un voleur qui en « veut à son argent et qu'il le tue, il sera innocent. » La loi de Moïse contenait une disposition dans ce sens : « Si un voleur est surpris en « perçant la muraille et qu'on le blesse mortellement, on ne sera point « coupable de meurtre, à moins qu'il ne fît déjà jour. » (*Exode*, c. 22.)

conque tuait un voleur de nuit, quand il pouvait lui
épargner la vie, n'était pas exempt de reproche ; aussi,
comme il lui était difficile de prouver qu'il avait tué ce
voleur pour mettre ses jours en sûreté, il n'écartait le
soupçon d'avoir passé les bornes d'une légitime défense
qu'en justifiant qu'il avait appelé en poussant des cris afin
que les voisins le secourussent et puissent rendre témoignage du danger qu'il avait couru (1).

La jurisprudence modifia les rigueurs de la loi décemvirale : on put encore tuer impunément un voleur nocturne, mais il fallait y être forcé par la crainte de la
mort : celui qui avait tué un voleur pouvait, aux termes
d'un jugement d'Ulpien, être tenu à des dommages-in-
térêts et celui qui avait préféré lui donner la mort
quand il pouvait le saisir, devenait passible des peines
du meurtre : « *Si quis noctu furem occiderit, non dubita-*
« *mus quin lege Aquilia teneatur; sin autem eum posset*
« *apprehendere, maluit occidere, magis est ut injuria fuisse*
« *videatur ; ergo etiam lege Cornelia tenebitur* (2) ».

Les constitutions des Empereurs apportèrent à leur
tour une nouvelle modification à cette jurisprudence ;
elles permirent de tuer un voleur nocturne hors de la
capitale et des autres villes, c'est-à-dire dans les champs,
quand même on même on n'y serait pas forcé par la
crainte de la mort. Le motif de cette nouvelle disposition fut sans doute qu'à la campagne on n'était à portée
d'aucun secours et que les témoins faisaient souvent
défaut ; dans les villes, au contraire, les voisins pouvaient

(1) L. 4, § 1 au Dig., *Ad leg. Aquil.*
(2) *Collatio rerum mosaicarum et romanarum,* tit. 7 ; — Terras-
son, sur la loi des Douze Tables.

aisément accourir et se rassembler à la clameur de celui qui était attaqué la nuit par un voleur.

La loi assurait-elle la même impunité au meurtrier d'un voleur qui accomplissait son larcin en plein jour ? La loi décemvirale contenait à cet égard des dispositions intéressantes dans le second chef de la Deuxième Table ; on pouvait tuer impunément le voleur manifeste et le voleur portant des armes ; la loi ajoute néanmoins qu'il faut appeler auparavant au secours.

Le voleur manifeste (que les Grecs appelaient αυτοφωρος) était celui que l'on surprenait en flagrant délit sur le lieu où le vol avait été commis, ou nanti de la chose volée avant qu'il ne l'ait transportée à l'endroit où il avait l'intention de le déposer, ou qu'on avait, enfin, aperçu commettant le vol.

La différence que met la loi entre le voleur nocturne et le voleur diurne se justifie par cette considération que, l'attentat ayant lieu en plein jour, il est facile de discerner si le voleur porte des armes ou s'il n'en a point et que, en définitive, le péril pour la vie est beaucoup moins grand. Les décemvirs voulurent qu'on épargnât même un voleur toutes les fois qu'on pourrait le faire sans exposer sa vie. Or comme en vertu de la jurisprudence postérieure à la loi des Douze Tables il ne fut permis de tuer même le voleur nocturne que lorsqu'on avait un sujet légitime de craindre pour sa propre vie, quelques commentateurs en ont conclu que, selon ce nouvel état du droit, toute différence était abolie entre le voleur nocturne et le voleur de jour. Mais Grotius soutient avec raison, nous semble-t-il, que la circonstance du plus ou moins de risque laissait encore quelque différence entre ces deux espèces de vol. Par exemple en se mettant d'abord à crier, comme l'exigeait la jurisprudence même par rapport au voleur nocturne, il était plus difficile la nuit que le jour, que les voisins accourussent pour donner du secours ou servir de témoins. Si donc quelqu'un, ayant tué un voleur de nuit, assurait qu'il n'en était venu à cette extrémité que pour sauver sa vie, on l'en croyait plus aisément que celui qui avait tué un voleur en plein jour (1).

2° *Autorisation de la loi.* — Il est un certain nombre d'homicides que la loi romaine approuvait et qui par conséquent n'entraînaient aucune culpabilité à la charge de celui qui les avait commis.

Le meurtre d'un ennemi en temps de guerre n'est pas puni, car la guerre est autorisée par le droit des gens « *ex* « *hoc jure gentium introducta bella* (2) », et c'est le caractère propre de la guerre de repousser les armes par les armes, « *jure gentium ita comparatum est ut arma armis propul-* « *sentur* (3). » Le meurtre des transfuges est également permis, en quelque lieu qu'on les saisisse : « *Transfugas* « *licet, ubicumque inventi fuerint quasi hostes interfi-* « *cere* (4). » Cette disposition est confirmée par les empereurs Arcadius, Honorius et Théodose, en ces termes : « *Opprimendorum desertorum facultatem provincialibus* « *jure permittimus. Qui si resistere ausifuerint, in his* « *velox ubique jubemus esse supplicium. Cuncti etenim* « *adversus latrones publicos, desertoresque militiæ, jus sibi*

---

(1) Grotius, *De jure belli et pacis,* lib. 2, c. 1, § 12.
(2) Fr. 5, Dig., *De justitia et jure.*
(3) Tite-Live, l. 42, ch. 31, nº 11.
(4) Fr. 3, § 6, Dig., *Ad leg. Corn.*

« *sciant pro quiete omnium exercendæ publiciæ, ultioni*
« *indultum* (1). »

La puissance reconnue par la loi romaine au profit du
maître sur ses esclaves et du paterfamilias sur les membres
de sa famille, était-elle assez étendue pour leur permettre de mettre à mort les personnes qui y étaient
soumises ?

Il est certain qu'à Rome les maîtres avaient sur leurs
esclaves droit de vie et de mort : on connaît le nom de
cet ami d'Auguste, Védius Pollion, qui pour la plus
légère faute faisait jeter un esclave en pâture aux mu-
rènes (2). De tels abus déterminèrent chez les philosophes et les moralistes un courant d'idées favorable aux
esclaves : Cicéron veut qu'on les traite avec autant
d'égards que les hommes libres salariés (3) et déclare
qu'il y a souvent injustice à les tuer (4). Sénèque alla plus
loin encore et s'attaqua dans une éloquente épître (47)
au principe même de l'esclavage : ces mêmes idées
se traduisirent dans la législation classique : une loi
Scribonia, rendue sous Auguste, décida que le maître
ne pourrait plus, sans une cause légitime vérifiée par
le magistrat, livrer son esclave pour le faire combattre
contre les bêtes féroces. De là Marc Aurèle conclut à
la nullité de cette clause quelquefois apposée dans les
ventes d'esclaves : « *ut cum bestiis pugnarent* (5). »

Enfin deux constitutions d'Antonin le Pieux complé-

(1) L. 2, C. *Quando liceat unicuique,* III, 27.
(2) Pline l'Ancien, IX, 39 ; — Sénèque, *De clem.,* 1, 18.
(3) Cic., *De offic.,* 1, 13.
(4) Cic., *Parad.,* VII, 2.
(5) V. l. 11, § 2, *Ad leg. Corn.;* — l. 11, § 1, *Modest.,* lib. 6, *Regul.;*
l. 42, *De contr. empt.,* Dig., XVIII, 1.

tèrent des décisions antérieures de Claude et d'Adrien. L'une d'elles punit le maître qui tue son esclave sans cause comme s'il avait tué l'esclave d'autrui ; et nous avons vu précédemment que ce meurtre était puni, conformément à la loi Cornelia, de la déportation ou de la peine de mort, suivant la condition du coupable.

On dit souvent que le chef de famille avait sur ses enfants *in potestate* le droit de vie et de mort : cette opinion est-elle fondée ? On cite en sa faveur Denys d'Halicarnasse, liv. XXVI, § 26, dont on traduit ainsi le texte : « *At romanorum legislator omnem, ut ita dicam, potestatem patri in filium concessit, idque toto vitæ tempore, sive cum in carcere conjicere, vel flagris cædere, sive vinctum ad opus rusticum detinere sive occidere vellet* ». (Trad. d'Hudson.)

On pense que ce droit de vie et de mort figurait également dans la loi des Douze Tables, mais ce n'est qu'une simple conjecture.

Dans le fragment 11 de Liberis et posth. Dig. liv. XXVIII, tit. 2, Paul dit : « *Nec obstat quod licet eos exheredare quod et occidere licebat* ». Il admet donc le droit de tuer les enfants qui étaient en puissance. Papinien vient encore poser ce principe dans la *Collatio legum Mosaïcarum*, tit. 4, cap. 8 : « *Quum patri lex regia dederat in filium vitæ necisque potestatem, quo bonum fuit lege comprehendi ut potestas etiam filiam occidendi, vellem mihi rescribere* ». La question posée au jurisconsulte est celle-ci : A quoi bon donner au père le droit de tuer sa fille puisque, d'après la loi regia, il peut mettre à mort ses enfants ? Papinien répond : « *Numquit ex contrario præstat nobis argumentum hæc adjectio, ut non*

videatur lex non habenti dedisse, sed ut videatur majore
« *æquitate ductus adulterum occidisse, quum nec filiæ peper-*
« *cerit* ». La loi Julia n'a pas donné au père un droit
dont il n'était point encore investi, mais elle lui permet,
de plus, de tuer le complice surpris en flagrant délit
d'adultère, quand il ne fait pas grâce à sa fille.

Il semblerait donc que ce droit existait autrefois d'une
manière incontestable; mais le père pouvait-il l'exercer
seul et quand bon lui semblait? Voilà ce qu'il n'est peut-
être pas possible d'admettre : sous la République, le
père de famille avait seulement le droit de faire com-
paraître le fils devant un tribunal de famille qu'il prési-
dait et dont il faisait ensuite exécuter les décisions.

Les historiens romains donnent différents exemples
de cet exercice du droit de vie et de mort par les chefs de
famille, mais ils ne le représentent jamais comme agissant
seul : ils indiquent toujours la présence d'un certain
nombre de personnes jugeant avec le *pater familias*.

En l'an 392 de Rome le tribun Marius Pomponius
cita devant le peuple Manlius Imperiosus : « *Criminique*
« *ei tribunus inter cætera dabat, quod filium juvenum, nul-*
« *lius probri compertum, extorrem urbe, domo, penatibus,*
« *foro, luce, congressu æqualium prohibitum, in opus servile,*
« *prope in carcerem atque in ergastulum dederit... at quam*
« *ob noxam? Quod infacundior sit et linguâ impromptus* ».
Cette accusation serait incompréhensible si la puissance
paternelle avait été illimitée et le père aurait répondu
qu'en agissant ainsi, il n'avait fait qu'user de son droit (1).
Il fallait donc que tous les actes qui dépassaient le simple

(1) V. Tite-Live, l. 7, ch. 4.

exercice du droit de correction fussent approuvés par le tribunal de famille.

Quant à la composition de ce tribunal, on y appelait sans doute les cognats jusqu'au sixième degré, et concurremment avec eux des personnes remplissant de hautes fonctions, comme les sénateurs, etc. Sénèque rapporte dans son Traité de la Clémence, chap. 15, que César Auguste fut appelé par Titus Arius pour siéger dans le conseil qui devait juger son fils.

Sous les empereurs romains les tribunaux domestiques disparaissent; lorsque le père veut faire infliger à son fils un châtiment qui excède les limites de la *castigatio* domestique, il doit s'adresser au magistrat.

Ulpien dit au Digeste, *ad legem Corneliam de Sicariis :* « *Inauditum filium pater occidere non potest : sed accusare* « *eum apud præfectum, præsidemve provinciæ debet* ». Et l'empereur Alexandre dans la loi 3, au Code *De patria protestate l. VIII, tit. 47,* déclare dans un rescrit : « *Quem si pietatem patri debitam non agnoscit, castigare* « *jure patriæ potestatis non prohiberis : acriore remedio* « *usurus si in pari contumacia perseveraverint : eumque* « *præsidi provinciæ oblaturus, dicturo sententiam quam tu* « *quoque dici volueris* ». Le père avait été investi par la loi du pouvoir de juger, il ne pouvait plus jouer que le rôle d'accusateur.

La loi romaine accordait au père, avant de l'accorder au mari, le droit de tuer sa fille et son complice surpris en adultère : « *patri datur jus occidendi adulterum cum* « *filiâ quam in potestate habet* (1) ». Ce droit était

(1) L. 20, Dig., *Ad leg. Jul. de Adult.*

toutefois soumis à plusieurs conditions : il fallait que sa
fille fût sous sa puissance, comme l'exprime la loi qu'on
vient de lire ; car c'était un attribut de la puissance paternelle (1) : « *nemo alius ex parentibus idem jure faciat* », et
si le père était lui-même fils de famille, le droit n'existait
plus. Il fallait ensuite qu'il surprît sa fille en flagrant délit :
« *in ipsâ turpitudine, in ipsis rebus Veneris (2)* ». Et la loi
exigeait de plus que le même coup frappât à la fois sa fille
et son complice, « *ictu et uno impetu utrumque debet occi-*
« *dere (3)* », parce qu'elle supposait que le meurtre était
commis dans le premier moment de l'indignation et que
la colère ne sait pas distinguer entre les coupables,
« *quia lex parem in eos qui deprehensi sunt indignationem*
« *exigit et requirit (4)* ». Si ce père se fût borné à tuer le
complice et qu'il eût pardonné à sa fille, il serait rentré
sous l'empire du droit commun, « *lege Cornelia reus*
« *erit (5)* ». Enfin une dernière condition était que
l'adultère ait été commis dans la maison du père ou dans
celle de son gendre : « *Jus occidendi patri conceditur*
« *domi suæ, vel domo generis (6)* » ; il fallait, pour constituer l'injure, que la maison paternelle eût été souillée.

VIII. Causes d'atténuation. — La loi romaine, en
permettant au père cet acte de vengeance, l'interdisait
au mari : « *Patri, non marito, mulierem permissum est*
« *occidere (7)* ». Papinien donne la raison de cette

(1) V. ci-dessus.
(2) L. 23, Dig., *Ad leg. Jul. de Adult.*
(3) L. 23, *ibid.*; — *Farinacius quæst.*, 121, n° 24.
(4) L. 32, Dig., *Ad leg. Jul. de Adult.*
(5) L. 32, Dig., *ibid.*
(6) L. 25, Dig., *ibid.*
(7) L. 22, Dig., *ibid.*

différence : c'est que la tendresse paternelle veille en faveur de la fille et retient entre les mains du père l'exercice du terrible privilège dont il est armé ; tandis que le mari céderait trop promptement à l'impétuosité de son ressentiment : « *Quod plerumque pietas paterni* « *nominis consilium pro liberis capit : cæterum mariti calor* « *et impetus facile decernentis fuit refrenandus* (1) ». Néanmoins, lorsque le mari, violant la défense de la loi, avait tué les coupables surpris en flagrant délit, il n'était point puni des peines ordinaires : « *Si moritus uxorem, in adul-* « *terio deprehensam, impetu tractus doloris interfecerit, non* « *utique legis Corneliæ de Sicariis pœnam excipiet* (2) ». La loi ajoute le motif de cette atténuation : « *ultimum* « *supplicium remitti potest, cum sit difficillimum justum* « *dolorem temperare* ». La peine était donc commuée : « *sufficit igitur, si humilis loci sit, in opus perpetuum cum* « *tradi, si quis honestior, in insulam relegare* ». C'est en ce sens et en vue de cette commutation qu'Ulpien disait : « *Si maritus in adulterio deprehensam uxorem* « *occidat, ignoscitur ei* (3) ». Le pardon que le mari pouvait espérer était l'adoucissement de sa peine. Le jurisconsulte Marcien s'exprime à ce sujet : « *Sed et in eum* « *qui uxorem deprehensam in adulterio occidet, Divus Pius* « *leniorem pœnam irrogandam esse scripsit et humiliore loco* « *positum in exilium perpetuum dari jussit, in aliquâ* « *dignitate positum ad tempus relegari* (4) ».

Il n'était fait exception à ces règles que lorsque le

(1) L. 22, § 4, Dig., *Ad. leg. Jul. de Adult.*
(2) L. 38, § 8, *ibid.*
(3) L. 3, Dig., *Ad Sen. C. Sylanianum.*
(4) L. 1, § 5, Dig., *Ad leg. Corn ;* — Marcian., liv. IV, *Instit.*

complice de la femme était une personne vile, telle
qu'un esclave, un affranchi, un baladin, un homme flétri
par un jugement public. Le mari qui, dans ce cas,
lavait son outrage dans le sang, était exempt de toute
peine (1).

Mais il fallait, pour que l'excuse existât, que l'épouse
eût été surprise en flagrant délit d'adultère : « *si maritus*
« *uxorem in adulterio deprehensam interfecerit* (2) » ; et
Ulpien traduisait ces mots *in adulterio* en ces termes :
« *in ipsâ turpitudine, in ipsis rebus teneris* (3) ». Les glos-
sateurs ont longuement disserté sur cette interprétation :
les uns ont restreint l'adultère à l'acte même qui le
consomme ; « *præludia et prænuntia flagitii, non sunt*
flagitium ipsum », dit Mathæus (4). Les autres étendent
l'adultère à tous les actes qui tendent à le consommer :
« *sunt enim res Veneris,* dit la Glose, *antecedentia ipsum*
« *scelus; scilicet apparatus, colloquia* », et cette opinion
semble favorisée par Justinien qui avait étendu l'excuse
au mari, lors même qu'il avait tué le complice hors du
flagrant délit et par cela seul qu'il avait bravé sa
défense (5).

Des degrés et des nuances peuvent exister dans la
volonté criminelle ; le législateur romain en a tenu
compte ; ainsi, aux termes d'un rescrit d'Adrien : « *Eum*
« *qui hominem occidit, si non occidendi animo hoc admisit,*
« *absolvi posse : et qui hominem non occidit, sed vulneravit*
« *ut occidat, pro homicida damnandum : et ex re consti-*

(1) L. 24, Dig., *Ad leg. Jul. de Adult.*
(2) L. 38, § 8, Dig., *ibid.*
(3) L. 23, Dig., *ibid.*
(4) Tit. 3, lib. 48, Dig., *De Pœna adult.*, n° 15.
(5) L. 30 au C. *De Adult. in authent. sig.*

« *tuendum hoc ; nam si gladium strixerit et in eo percus-*
« *serit, indubitate occidendi animo in eum admisisse; sed*
« *si clavi percussit, aut cuccuma in rixa, quamvis ferro*
« *percusserit, tamen non occidendi animo, leniendam pœnam*
« *ejus, qui in rixa magis quam voluntate homicidium*
« *admisit* (1) ». Il faut donc graduer la peine suivant
la perversité des sentiments qui ont fait agir le délinquant: c'est une question de fait, dit l'empereur Adrien :
nous trouvons là le germe de notre théorie des circonstances atténuantes : la loi confère aux juges un pouvoir
d'appréciation et leur laisse le soin de rechercher, dans
les circonstances qui ont précédé, accompagné ou suivi
l'infraction, les éléments d'une atténuation de peine.

IX. Suicide. — A l'origine, la législation romaine ne
contenait pas de disposition contre le suicide et cette
action, dit Montesquieu (2), est chez les historiens toujours prise en bonne part. Du temps des premiers empereurs, comme les grandes familles romaines étaient pour
la plupart décimées en vertu de jugements, la coutume
s'introduisit de prévenir la condamnation par une mort
volontaire. Il y avait avantage à prendre cette résolution,
car on obtenait ainsi les honneurs de la sépulture et les
testaments étaient exécutés. Plus tard la loi romaine
introduisit une distinction : ou le suicide avait pour cause
les angoisses des passions, le dégoût de la vie, le
supplice de affections maladives ; il était alors considéré
comme un acte de force et de vertu, par application des
principes de la philosophie stoïcienne et exempt, par

(1) L. 1, § 3, p. 17, Dig., *Ad leg. Corn.*
(2) Esprit des Lois, t. III, p. 9.

suite de toute espèce de peine (1) ; ou bien il n'avait eu pour but que d'échapper à une poursuite criminelle déjà intentée ou qui ne pouvait manquer de l'être parce que le suicidé avait été surpris en flagrant délit : dans ce cas le suicide était criminel et puni de la peine de la confiscation des biens (2), à condition que, dans cette double hypothèse, le crime commis avant le suicide emportât la peine de mort ou celle de la déportation, et les héritiers étaient toujours admis à faire la preuve de l'innocence de leur auteur.

X. Peines. — L'homicide volontaire était puni de mort par la loi de Numa, et nous avons déjà vu que si l'homicide n'avait été commis que par imprudence le coupable expiait sa faute par le sacrifice d'un bélier.

La loi des Douze Tables prononça également contre le meurtrier la peine de mort (3). La forme la plus ancienne de cette peine était le supplice de la *furca*, morceau de bois fourchu dans lequel on plaçait le cou du condamné qui était ensuite fouetté jusqu'à la mort. On employait aussi la décapitation, qui était ordinairement pratiquée à l'aide de la hache ; puis sous les empereurs à l'aide du glaive, genre de supplice considéré comme le moins cruel. Il faut citer encore la précipitation du haut de la Roche Tarpéienne et la strangulation, toutes deux défendues plus tard ; le bûcher, la croix, supplice interdit par Constantin et remplacé par le gibet, appelé *furca* dans le nouveau droit. On assimi-

---

(1) L. 6, § 7, Dig., *De re milit.*
(2) L. 3, *De ben. eer. qui ante ;* — et l. 1, § 22, *De Sen. Cons. dilan.*
(3) Pline, *Hist. nat.*, XVIII, 3.

lait, suivant les cas, à la peine de mort la condamnation aux jeux des gladiateurs, peine qui disparut sous Constantin en même temps qu'eux, et la *damnatio ad bestias;* ce dernier supplice n'était pourtant point appliqué aux citoyens romains et ne le fut généralement dans la suite qu'aux gens de basse condition. Celui qui échappait aux bêtes était achevé dans le *spoliarium.* L'empereur seul pouvait donner au coupable le choix de son supplice (1).

La peine infligée au meurtrier par la loi Cornelia n'était point la déportation dans une île, peine qui n'avait pas encore été organisée, comme le dit le jurisconsulte Paul (2), mais l'interdiction du feu et de l'eau, suivant la remarque de Cujas (3). L'ancien droit ne connaissait pas les peines capitales qui ne privaient le coupable que du droit de cité en lui laissant la liberté (4). On voyait il est vrai, tous les jours, des prévenus se condamner eux-mêmes à l'exil pour se soustraire à la honte d'une accusation ou d'une peine sévère, mais cela ne les garantissait pas complètement d'une réclamation en extradition; d'un autre côté, le lieu vers lequel se dirigeaient ces exilés volontaires ne pouvait être indifférent à l'État. C'est pourquoi ce genre de bannissement volontaire était toujours suivi d'un plébiscite qui reconnaissait l'exil en le validant et avait en outre pour effet de rendre impossible le retour du banni, auquel on interdisait un abri ainsi que le feu et l'eau. A

(1) Sénèque, lettre 93, *in fine.*
(2) *Pauli Sent.,* tit. 24, § 1.
(3) *Ad hunc locum Pauli.*
(4) Cic., *pro Cæcina,* 34; — *Declam. pro domo,* 29.

côté de ces expatriations volontaires vinrent se placer, déjà du temps de la République, des décrets d'exil rendus par le peuple à titre de peine, avec interdiction du feu et de l'eau.

La déportation fut une nouvelle peine qu'introduisit Auguste dans le système répressif romain ; auparavant l'interdiction du feu et de l'eau était fort en usage, ce qui obligeait grand nombre de citoyens à s'exiler dans les provinces. Auguste, craignant que si cette foule d'exilés s'augmentait, ils ne vinssent à fomenter une révolution dans l'Empire, suivit le conseil de Livie qui lui persuada de renfermer ces bannis dans des îles. Depuis ce temps, la déportation fut souvent appliquée et Auguste confirma ce nouveau genre de peine par une loi dont parle Dion Cassius (1). Il ne faut pas croire néanmoins que pour cela l'interdiction du feu et de l'eau ait cessé d'être prononcée ; c'est à tort que dans plusieurs lois du Digeste (2) les jurisconsultes prétendent que la déportation prit la place de l'interdiction du feu et de l'eau. Tacite témoigne que cette ancienne peine de l'interdiction se conserva même après qu'on eut organisé la déportation : des empereurs ajoutèrent seulement que ces exilés n'auraient plus la liberté de se retirer où ils voudraient, mais vivraient dans l'île qui leur serait assignée. La peine de la déportation entraînait la perte du droit de cité avec toutes ses conséquences; voici quel était son mode d'exécution : On mettait des fers aux pieds du coupable; on le faisait monter sur un vaisseau et on le confiait à des esclaves

(1) Lib. 56, p. 826.
(2) L. 23, § 1, *De pœnis ;* — l. 3, Dig., *Ad leg. Jul. peculatus.*

publics qui le transportaient dans l'île qui lui était assignée. Cette peine était rigoureuse surtout à raison de l'insalubrité des colonies de déportation : l'île de Gypsus en Égypte, une des Cyclades, Cyarée, Oasis, île située entre l'Égypte et Cyrène, étaient rendues inhabitables par la quantité prodigieuse de moucherons et de grosses mouches qui par leurs piqûres donnaient souvent la mort (1).

Aux termes d'un fragment de Marcien inséré au Digeste *Ad legem Corneliam,* la peine prononcée en vertu de cette loi était la déportation pour les condamnés d'une condition élevée (il faut comprendre dans cette catégorie les décurions et les vétérans), et la *damnatio ad bestias* pour les condamnés d'une condition inférieure. A l'origine, les esclaves étaient punis avec la plus grande rigueur ; ils furent, plus tard, assimilés en général aux gens de basse condition (2).

Sous l'empire de l'ancien droit sacré les peines capitales étaient accompagnées de la confiscation des biens au profit de l'État. Sous les empereurs la confiscation était même attachée non seulement à toutes les peines privatives de la vie ou de la liberté, mais aussi à l'exil et à la déportation. Nous voyons en effet, dans le fragment de Marcien cité plus haut, qu'en vertu de la loi Cornelia la confiscation de tous les biens accompagnait la déportatation. Cependant, quand le condamné avait des enfants on leur laissait la moitié du patrimoine de leur père (3).

---

(1) Cic., *Post Redituus,* cap. 11 ; — et lib. 4, *Ad Atticum-Ipest.,* 1.
(2) L. 16, *Ad leg. Corn.,* Dig.
(3) P. 7, Pr., § 2, 3, 4 ; — P. 1, § 1, 2, 3, Dig., *De ben. damnat.,* XLVIII, 20.

Depuis Théodose II, les présidents des provinces durent consulter l'empereur au sujet de chaque confiscation, et Justinien voulut que cette peine ne fût pas appliquée (le crime de lèse-majesté excepté) toutes les fois qu'il existait des descendants ou ascendants jusqu'au troisième degré (1).

Dans le dernier paragraphe du fragment 5 *ad Legem Corneliam*, Marcien mentionne que le mari, qui avait tué sa femme surprise en flagrant délit d'adultère, devait bénéficier d'une atténuation de peine ; s'il était d'une condition élevée, il encourait la peine de la relégation, s'il était de basse extraction, l'exil perpétuel.

La première de ces peines consistait dans l'interdiction d'une résidence déterminée, soit dans l'assignation d'un lieu désigné pour domicile (2) ; dans les deux cas la peine pouvait être perpétuelle ou temporaire ; elle n'entraînait pas, à la différence de la déportation, la perte des droits civiques, ni aucune diminution de patrimoine, à moins de dispositions contraires : même dans ce cas une confiscation de biens ne pouvait atteindre que le condamné à la relégation perpétuelle.

C'est là ce qui distinguait principalement la relégation de l'exil proprement dit (3) ; cependant plus tard le mot exil fut employé dans une acception plus étendue qui comprenait aussi la relégation. La forme la plus douce de cette peine consistait à garder les arrêts chez soi (4).

---

(1) Nov. 17, c. 12 ; — Nov. 134, c. 13.
(2) Fr. 7, Pr., § 1, 5 ; — Fr. 19, Pr., Dig., *De Interd. et Releg.*, XLVIII, 22.
(3) Fr. 2, *De Publ. jud.*, XVIII, 1 ; — Ovide, *Trist.*, II, v. 137.
(4) Fr. 9, Dig., *De Interd.*, XLVIII, 22.

DU PARRICIDE

Nous avons fait remarquer que les historiens et les
jurisconsultes ne font mention d'aucune loi royale destinée à réprimer le parricide ; toutefois il est vraisem-
blable que les décemvirs, en statuant sur ce crime, se
modelèrent sur une loi de Romulus et sur une autre loi
de Servius Tullius.

La loi des Douze Tables s'exprime de la sorte : « Si
« quelqu'un a tué son père ou sa mère, qu'après lui
« avoir enveloppé la tête, il soit cousu dans un sac et
« jeté dans l'eau. »

Et une loi de Romulus rapportée par Festus (1) portait : « Si une bru maltraite son beau-père soit de paroles,
« soit en usant de voies de fait, en sorte que l'indigna-
« tion ou la colère ajt forcé le beau-père à se plaindre
« (plorare), qu'elle soit dévouée aux dieux de ses beau-
« père et belle-mère ». Romulus ordonne donc que la bru

---

(1) Festus, au mot *plorare*.

qui outrage son beau-père par paroles ou par voies de fait, soit, en punition de son crime, dévouée aux dieux de ses beaux-parents, en sorte qu'il sera permis de la tuer impunément en toute occasion et en tout lieu. Mais pour que la bru encoure ce châtiment il faut que le beau-père « *plorarit* » ; ç'est l'expression dont se sert Festus, le seul auteur qui cite ce fragment. Le terme *plorare* a ici deux significations : s'il s'agit de coups donnés, ce mot signifie qu'il faut que le beau-père ait témoigné par ses cris qu'il a été frappé ; s'il est question d'injures verbales, ce même mot veut dire alors qu'il est nécessaire que le beau-père ait déposé plainte devant le juge. La loi parle d'une bru et non d'un fils ou d'une fille qui maltraite son père ; vraisemblablement il n'y avait pas encore chez les Romains d'exemple d'un crime aussi énorme, et le légis-lateur ne prévoyait pas que des enfants selon la nature et non simplement par alliance, pussent se porter à de pareils excès ; mais il pouvait avoir sous les yeux des exemples de brus qui avaient maltraité leurs beaux-pères. On sait, en effet, que les Romains s'étaient procuré des épouses par le rapt.

Quant à la loi de Servius Tullius, elle contenait la même disposition avec cette seule différence qu'elle parle, non d'une bru, mais d'un fils qui maltraite son père. Festus dit expressément que Servius est l'auteur de cette loi.

Ce premier pas fait contre les enfants dénaturés, qui maltraitent leurs père et mère, les décemvirs crurent devoir, par l'appareil d'un nouveau supplice, détourner d'un crime plus monstrueux encore, le parricide. Ce n'est pas que les décemvirs eussent sous les yeux des

exemples d'un pareil forfait : si nous en croyons Plutarque (1) ce ne fut que dans les temps qui suivirent la
guerre d'Annibal qu'un Romain nommé Publicius Mal-
leolus, aidé de ses esclaves, empoisonna sa mère, et qu'un
autre Romain, L. Hostius, tua son père. Mais les décemvirs avaient déjà aperçu l'œuvre du progrès sur la corruption des mœurs, et craignant sans doute que le mal
ne s'accrût encore, ils rédigèrent une loi destinée à le
réprimer.

Cicéron, après avoir rapporté les propres termes de
plusieurs chefs de la loi des Douze Tables, ajoute (2) :
« *Quidam judicatus est parentem occidisse, ei statim quod*
« *effugiendi potestas non fuit, ligneæ solæ in pedes inductæ*
« *sunt ; os autem absolutum ut folliculo lupino et præliga-*
« *tum : deinde et in carcerem deductus ubi ibi esset tantisper,*
« *dum culeus, in quem conjectus in profluentem deferretur,*
« *compararetur* ». De plus, le jurisconsulte Modestinus
donne assez à entendre que cette peine du parricide fut
un des objets de la législation des décemvirs lorsqu'il
dit : « *Pœna parricidii more majorum hæc instituta est* (3)»;
les anciennes lois, telles que celle des Douze Tables, qui
étaient passées en coutume chez la postérité, pouvaient
être regardées comme *mos majorum*. Festus a pareille-
ment conservé en partie ce chef de la loi des Douze
Tables (au mot *Nuptias*) qu'il désigne par les premiers
mots : « *Qui parentem.* »

J. Godefroy pense que ce chef comprenait encore
divers autres cas : savoir, lorsqu'un pupille, un hôte, ou

(1) In *Romulo,* p. 32.
(2) Cic., lib. 2, *De Inventione,* c. 50.
(3) L. 9, Dig., *Ad leg. Pomp.,* XLVIII, 9.

un client avait été tué, parce que Sabinus dans Aulu-Gelle (1) range dans cet ordre les devoirs que les Romains avaient à remplir : « *In officiis apud majores ita observatum* « *est, primum tutelæ, deinde hospiti, deinde clienti, tum* « *cognato, postea affini* ». Aucun texte ne vient toutefois confirmer cette extension qui demeure purement hypothétique.

La loi des Douze Tables restreignait donc, semble-t-il, la qualification de parricide au meurtre des parents. Mais postérieurement à la loi Cornelia, Cn. Pompeius, consul, fit une loi, dirigée spécialement contre les parricides, dont le champ d'application était beaucoup plus étendu : « *Lege Pompeia de Parricidis cavetur (ut) si quis patrem,* « *avum, aviam, fratrem, sororem, patruelem, matruelem,* « *patruum, avunculum, amitam, consobrinum, consobri-* « *nam, uxorem, virum, generum, socrum, vitricum, privi-* « *gnum, privignam, patronum, patronam occiderit, cujusve* « *dolo malo id factum erit* (2) ». La peine du parricide frappait donc, aux termes de la législation nouvelle, ceux qui, de dessein prémédité, avaient tué un frère, une sœur, un cousin germain, soit fils d'un frère de père, soit fils d'un frère de mère ; un oncle, soit paternel, soit maternel ; une tante, soit paternelle, soit maternelle ; un beau-père ou une belle-mère, ces deux mots pris dans leur double acception ; un beau-fils ou une belle-fille ; un patron ou une patronne.

Aux termes de la loi Pompeia, en outre le parricide comprenait le meurtre commis par la mère sur ses enfants : « *Mater quæ filium filiamve occiderit, ejus legis*

(1) Lib. V, cap. 13.
(2) L. 1, *Ad leg. Pomp.*

« *pæna adficitur* (1) ». Ces mots *filium filiamve* ne com-prenaient grammaticalement que les enfants adultes, et le fait de la mère de les mettre à mort constituait un meurtre ordinaire et non pas le crime spécial de tuer un enfant nouveau-né, c'est-à-dire à une époque très rap-prochée de sa naissance. De là la question de savoir si la loi précitée qui prononçait soit la peine capitale, soit la déportation dans une île, suivant la condition plus ou moins élevée des coupables, pouvait s'appliquer au meurtre des enfants nouveau-nés. Les auteurs se sont prononcés pour l'affirmative (2). On ne parle en outre ici que des mères, par la raison que le père ayant, comme nous l'avons établi au cours de notre étude sur l'homi-cide, le droit de vie et de mort sur ses enfants, ne pou-vait par cela même se rendre coupable de parricide ni d'infanticide, jusqu'au jour où ce pouvoir exorbitant lui fut retiré. Les infanticides s'étant multipliés, surtout de la part des femmes qui n'étaient pas engagées dans les liens du mariage et qui, par l'intermédiaire de complices, se procuraient facilement les moyens d'éluder la loi, un texte nouveau fut publié pour réprimer ces attentats l'an de Rome 674 (3).

Les actes préparatoires étaient réprimés par la loi Pompeia à l'égal du crime consommé; ainsi le fils ache-tant du poison destiné à son père ou donnant de l'argent pour le tuer, encourait la peine du parricide, bien que le poison n'eût pu être donné, ni aucune attaque formée : « *Si sciente creditore, ad scelus committendum pecunia sit*

(1) Lib. V, *Ad leg. Pomp.*
(2) V. *Farinacius quæst.*, 122, n° 136.
(3) Code, l. IX, *De Infant.*

4

« *subministrata (utputa si ad veneni mali comparationem,*
« *vel etiam ut latronibus adgressoribus daretur ; qui patrem*
« *interficerent) : parricidii pœna tenebitur qui quæsierit*
« *pecuniam, quique eorum ita crediderint, aut a quo ita*
« *caverunt* (1). »

Les complices étaient punis comme l'auteur principal :
« *Utrum qui occiderunt parentes, an etiam conscii, pœna*
« *parricidii adficiantur, quæri potest? Et ait Mærianus,*
« *etiam conscios eadem pœna adficiendos, non solum parri-*
« *cidas : proinde conscii etiam extranei eadem pœna adfi-*
« *ciendi sunt* (2). »

La prescription de vingt ans était applicable en droit
romain à la plupart des crimes : ce principe est nettement
formulé dans la loi 12 au Code liv. 9, titre 22, *ad legem*
Corneliam de Falsis : « *Querela falsi temporalibus præ-*
« *scriptionibus non excluditur, nisi viginti annorum excep-*
« *tione : sicut cætera quoque fere crimina* ». Il semble
cependant que le parricide était imprescriptible : « *Eorum*
« *qui parricidii pœna teneri possunt, semper accusatio per-*
« *mittitur* (3) ».

Malgré la précision de ce texte, Cujas (4) soutient que le
crime de parricide était soumis à la prescription ordinaire.
Ce grand jurisconsulte cherche à prouver qu'il n'est pas
question dans cette loi du crime de parricide, mais bien
de l'accusation autorisée par le sénatus-consulte Silanien
contre les héritiers d'un individu, assassiné par ses esclaves, qui avaient ouvert son testament avant de venger sa

(1) L. 7, Dig., *Ad leg. Pomp.*
(2) Fr. 6, *ibid.*
(3) Fr. 10, *ibid.*
(4) Cujas, t. II, ch. 14 ; — Obs., liv. IV.

mort. Cette accusation se prescrivait par cinq ans en
faveur des étrangers ; mais les héritiers du sang « *qui*
« *parracidii pœna teneri possunt* » pouvaient être accusés
après ce délai. Cujas croit que c'est par suite d'une trans-
position que la loi 10, qui devait figurer ailleurs, a été
intercalée dans la loi sur le parricide.

Cette opinion est difficilement acceptable ; il semble
plus rationnel de penser qu'à raison de la nature particulière du crime, qui était puni de peines spéciales, le
législateur n'avait pas cru devoir le soumettre à la prescription ordinaire.

Aux termes de la loi des Douze Tables le parricide
devait être cousu dans un sac, la tête enveloppée, et
jeté dans un fleuve afin qu'il fût privé d'air et de lumière.
A l'origine (1), on n'enfermait rien dans le *culeus* avec
les parricides ; mais insensiblement et à mesure que le
nombre des scélérats vint à croître, on ajouta quelque
chose à la peine de cet horrible forfait ; chaque juge
voulut à sa fantaisie démontrer, par quelque symbole,
l'atrocité de ce crime et augmenter la rigueur du supplice.
On mit des sabots aux pieds des coupables que l'on conduisait au cachot ; et Turnèbe en donne pour raison : « *Ne terram communem omnium parentem, attactu
improbo contaminarent* (2) ». On leur fermait la bouche
avec une bourse de cuir, pour marquer que le crime
qu'ils avaient commis était si énorme, que nul discours,

(1) Toutes les circonstances du supplice infligé aux parricides se
trouvent décrites dans les annales de Zonaras (t. II, p. 16) et dans la
collection de Dosithée, grammairien grec, qui avait recueilli les sentences et les rescrits de l'empereur Adrien. V. également Cic., *pro Ros.
Amicino*, c. 25 et 26.

(2) *Adversar.*, l. 3, cap. 13.

nulle éloquence ne pouvait l'excuser. Comme celui qui tuait son père ou sa mère était encore plus méchant qu'une vipère et plus dangereux que la piqûre de cet animal, on lui donna pour compagnons des serpents qu'on cousait avec lui dans le culeus. On y joignit un singe, parce que, quoiqu'il ait avec l'homme de la ressemblance, comme cet animal, c'est réellement une bête féroce : on lit en effet dans Juvénal (1) :

Libera si dentur populo suffragia, quis tam
Perditus, ut dubitet Senecam præferre Neroni?
Cujus supplicii non debuit una parari
Simia, nec serpens unus, nec culeus unus.

Quelquefois on ajoutait un chien et un coq, parce que ces animaux s'embarassent peu de ceux dont ils tiennent la vie, que même ils les attaquent quelquefois et leur font du mal : ces animaux, privés de raison, n'agissent que machinalement, tandis que le parricide conçoit et médite le projet de donner la mort à son père ou à sa mère. On enfermait dans le culeus ces animaux avec le criminel, afin que s'ils venaient à se battre entre eux, ils lui fissent éprouver de nouveaux tourments.

Il n'était point permis de souiller la terre par la mort d'un être aussi dénaturé : on le conduisait dans un chariot attelé de bœufs noirs à la mer, ou à une rivière, soit à un gouffre quelconque et on l'y précipitait.

Plus tard les jurisconsultes divisèrent le parricide en deux classes : 1° celui commis sur les ascendants ou descendants ; 2° celui commis sur tous les autres parents

(1) *Sermon.*, lib. 3, sat. 8, vers 211 et suiv.

que nous avons énumérés. Le premier, *parricidium pro-prium*, encourait seul la peine du parricide ; le second, *parricidium improprium*, était frappé seulement des peines de l'homicide simple, telles qu'elles étaient infligées par la loi Cornelia (1).

« Auguste avait beaucoup adouci la rigueur de la loi « Pompeia : il n'infligeait les peines qu'elle portait qu'à « ceux qui confessaient leur crime : et, comme si per- « sonne n'eût osé le commettre, il interrogeait d'ordi- « naire le coupable de cette sorte : « Sans doute, tu n'as « pas tué ton père (2)? »

L'empereur Adrien (3) abolit le supplice destiné aux parricides qui consistait à être cousu dans un sac ; cependant ce genre d'exécution de la peine continua d'être en usage au bord de la mer. Le supplice d'être brûlé vif ou d'être livré aux bêtes féroces s'introduisit dans les autres lieux. De là vient que le jurisconsulte Paul, parlant de ce qui se faisait de son temps, dit (4) : « Aujourd'hui les parricides sont brûlés vifs ou exposés aux bêtes féroces. »

(1) Voir, à ce sujet, *Instit.*, IV, 18, § 6 ; — Cujas, *Ad Paulum*, l. 5 ; *Sentent.*, tit. 14, § 1 ; — J. Godefroy, *Ad leg. mil.* Cod. *Theodos.*, *de Paricidii*; — F. Ramos, *in Triboniano, sive de erroribus Triboniani, de pœnâ parricidii*.
(2) Gravina, *Esprit des lois romaines*, t. II, p. 179.
(3) L. 9, Dig., *Ad leg. Pomp.*
(4) Paul., l. 5, *Sentent.*, tit. 24, § 1.

Des Circonstances atténuantes

CHAPITRE PREMIER

Des circonstances atténuantes. — Historique de leur législation.

La loi a prévu un certain nombre d'actes auxquels elle a attaché un châtiment à raison de leur caractère d'immoralité et du trouble qu'ils jettent dans la société; le sujet responsable qui les commet est frappé par elle d'une peine proportionnée à la gravité de l'infraction : c'est là l'œuvre en quelque sorte philosophique du législateur qui statue par voie de disposition générale. Mais un même délit n'a pas toujours dans la réalité la même gravité, il n'implique pas toujours chez celui qui l'a commis la même culpabilité, et si dans sa nature intrinsèque il est toujours composé des mêmes éléments, il se diversifie à l'infini avec les conditions de fait, de temps et de lieu où il se produit. L'étude particulière de chaque délinquant et de chaque infraction, qui constitue la mission essentielle, du juge peut faire découvrir un certain nombre de circonstances de nature à légitimer un abaissement de peine; c'est cette œuvre d'accommodation et d'assouplissement de la loi pénale à l'exercice constant de la répression qu'a réalisée la disposition de l'article 463, dans laquelle se trouve compris tout le système des circonstances atténuantes.

La législation romaine laissait au juge une certaine latitude pour constater les diverses nuances que pouvait présenter la culpabilité de chaque accusé; elle avait pris cependant à tâche de prévoir elle-même et d'énumérer les circonstances qui pouvaient modifier le caractère des crimes et par suite atténuer l'intensité des peines.

Elle voulait qu'en punissant le coupable on prît en considération son âge, sa position, les motifs qui l'avaient fait agir, le lieu, le temps de la perpétration, la gravité du dommage et les suites du crime. « *Consideranda septem modis : causa, persona, loco, tempore, quantitate, eventu* » (L. 16 ff. *de Pœnis*). Suivant que ces circonstances se présentaient on réputait le crime plus ou moins atroce, « *atrocius aut levius factum est ;* » le châtiment infligé était plus ou moins sévère : « *capite luendum est « aut minore supplicio.* »

Ce système avait passé dans le droit canonique : *(corpus juris canonici 2 pars., 2 causa, quæst. 3)* et les docteurs, suivant les enseignements de ce droit et ceux de la loi romaine, avaient dressé des catégories dans lesquelles ils avaient essayé de prévoir toutes les circonstances qui pouvaient modifier la criminalité et atténuer les peines (1).

Dans l'ancienne législation française un grand nombre de crimes étaient prévus et réprimés par la loi. L'ordonnance de 1670, qui organisa définitivement la procédure criminelle, ne fixait pas l'application des peines. L'insuffisance des édits qui étaient intervenus dans les matières criminelles avait forcé les parlements à recourir pour tous les cas non prévus à la loi romaine et à la jurisprudence. Les peines étaient presque toujours arbitraires et le pouvoir de les fixer et de les modérer abandonné aux juges : il ne faut point méconnaître que ce système avait des avantages sérieux, mais en revanche ses inconvénients sont d'une gravité qui justifie l'abandon qui en a été fait par notre législation moderne.

En présence de l'accusé, le juge peut apprécier la gravité de l'infraction et établir le degré de culpabilité de l'agent d'une manière certainement plus sûre que le législateur ne peut le faire ; la loi procédant par catégories générales, par dispositions fort étendues, ne peut pas tenir compte des nuances infinies qui séparent dans la réalité tel vol de tel autre vol, tel crime de tel autre crime. Mais, de cet avantage même ne résulte-t-il pas un grave danger ? Le juge, sans doute, peut être plus éclairé en ce sens qu'il apprécie en détail toutes les circonstances que présente l'affaire ; mais n'est-il pas à craindre que la répression ne soit plus égale ? Le législateur, par cela même qu'il statue à l'avance par une disposition générale, sans avoir sous les yeux ni dans l'esprit, aucun

---

(1) F. Hélie, *Rev. de Législ.*, janv. et juin 1843, § 17, p. 112.

fait individuel, statue d'une manière désintéressée et impartiale ; il examine l'infraction dans sa nature intrinsèque, et sans se soucier des circonstances accessoires qui peuvent l'accompagner, il sauvegarde l'intérêt social en la frappant d'une peine qu'il a mesurée, sans emportement comme sans faiblesse, à la gravité de l'atteinte portée à la morale et au trouble jeté dans la société. Il est à craindre, au contraire, que le juge investi d'un pouvoir absolu dans l'application de la peine ne se laisse entraîner tantôt à une excessive indulgence, tantôt à une excessive sévérité, suivant qu'il cédera à un mouvement d'indulgence ou à un sentiment de colère et de vengeance.

Ce système présente en outre un grave inconvénient ; il manque à l'un des buts essentiels de la justice pénale : l'exemplarité. L'un des objets de la répression pénale est en effet de détourner par l'exemple les individus qui pourraient être tentés d'imiter le coupable puni ; or, quand la peine est arbitraire ce but est manqué : tantôt, par exemple, on punira d'une peine extrêmement forte celui qui avant de commettre le crime n'aura pu connaître l'exemple d'une peine aussi forte appliquée à un fait de même nature ; tantôt, au contraire, à raison de circonstances tout à fait personnelles les juges, à tort ou à raison, auront puni un fait grave et dangereux d'une peine insignifiante et laisseront par là même la société peu armée contre le retour du même péril.

Uniquement préoccupé des vices de la législation qu'il voulait abolir, le réformateur de 1791 dépassa le but à atteindre en substituant au système des peines arbitraires celui des peines fixes et invariables.

Certes, on ne pouvait plus reprocher à la justice pénale de ne point être exemplaire, et si la société ne songeait qu'à faire une guerre défensive, il ne pourrait y avoir de meilleur système pénal que celui qui attacherait à chaque infraction une peine déterminée et annoncerait à chacun de ceux qu'un crime pourrait tenter quelle est à un jour près la durée de la peine à laquelle il s'expose. Mais il est certain que si le système des peines arbitraires risquait d'être injuste à raison du caractère aléatoire que revêtait la répression abandonnée à l'omnipotence des juges, on peut diriger ce même reproche contre le système des peines fixes ; l'infliction d'une peine n'est légitime que dans la mesure de sa nécessité, nécessité relative et variable comme les intérêts de l'ordre social ; or, dans tous les crimes, les antécédents, la condition sociale de l'accusé, les exemples, les conseils qui .ont pu le déterminer au mal, sont autant de circonstances qui exercent sur la gravité de sa faute une influence dont le législateur ne peut tenir compte à l'avance et qui cependant doit être prise en considération.

Les vices de cette législation ne tardèrent pas d'ailleurs à se révéler dans la pratique et l'on reconnut bientôt que si le principe nouveau présentait, au moins en apparence, l'avantage d'une pénalité exemplaire, il était en réalité, dans un grand nombre de cas, profondément injuste et que sa rigueur même provoquait souvent un anéantissement de la répression. En effet, le jury qui, d'après le Code de 1791, était chargé de déclarer le fait auquel le juge appliquait la loi, estimant souvent que la peine édictée était trop rigoureuse et sachant qu'elle ne pourrait être tempérée, acquittait l'accusé, qu'il jugeait cependant coupable, préférant l'impunité à un châtiment excessif.

L'initiative de l'application des circonstances atténuantes paraît avoir appartenu à la législation militaire. L'article 20 de la loi du deuxième jour complémentaire an III était ainsi conçue : « *Le conseil de guerre prononcera* « *sur tous les délits prévus au Code pénal militaire; il* « *pourra cependant les commuer et même les diminuer sui-* « *vant les cas où les circonstances en atténueront la gravité;* « *il ne pourra jamais les augmenter.* »

Le Code des délits et des peines du 3 brumaire an IV porte l'empreinte de cet esprit nouveau (article 646). Il en est de même de la loi du 27 germinal an IV portant des peines contre toute espèce de provocation à la dissolution du gouvernement républicain, de tout crime attentatoire à la sûreté publique et individuelle; de celle du 25 frimaire an VIII qui attribuait aux tribunaux correctionnels la connaissance de divers délits et de celle du 7 pluviôse an IX relative à la poursuite des délits. Ces lois autorisaient les jurés ou les juges à déclarer des circonstances atténuantes dans certains cas.

Sous l'empire des lois des 3 brumaire et 27 germinal an IV, lorsqu'il résultait de l'acte d'accusation et des débats qu'un accusé de provocation à la dissolution du gouvernement républicain était dans un état d'ivresse au moment du délit, l'ivresse devenait une circonstance atténuante sur laquelle le jury devait être interrogé, à peine de nullité; cette décision se trouve dans un curieux arrêt de la Cour de cassation en date du 1er frimaire an VII.

Sous les mêmes lois, lorsque l'acte d'accusation s'était

exprimé sur le fait des circonstances atténuantes la question devait en être posée au jury, à peine de nullité (1).

Lorsqu'en 1804 on commença la discussion du nouveau Code criminel, on posa tout d'abord en principe que la loi fixerait un minimum et un maximum des peines et que les juges criminels, après la déclaration du jury, auraient le droit de faire varier dans une certaine mesure l'étendue de la peine encourue par l'accusé.

Cette innovation réalisait un progrès sur l'état antérieur de la législation; elle avait toutefois le défaut de fausser dans une certaine mesure le principe de la division des pouvoirs respectifs du jury et des juges : en effet, au jury appartient la connaissance du fait et de tout le fait; aux juges, le règlement de la question de droit; mais à partir de 1810 la connaissance du fait n'est plus de la compétence exclusive du jury; c'est à lui qu'appartient toujours sans doute le droit de déclarer l'accusé coupable, mais lorsque cette déclaration est intervenue il faut bien, pour que la Cour d'assises applique une peine plus ou moins forte, use de cette latitude entre le minimum et le maximum que lui a conférée la loi, qu'elle examine et apprécie les circonstances dont le fait a été entouré; bref, le juge n'a plus pour mission unique de tirer la conséquence inexorable de deux principes également inflexibles, la réponse affirmative du jury et le droit, il devient aussi juge du fait.

Mais ce n'était là en réalité qu'un léger défaut et qui n'eût pas suffi à faire condamner le système du Code de 1810, si d'autres reproches n'avaient pu lui être

(1) Cass., 24 brum. an VIII.

adressés : il restreignait dans des limites trop étroites les pouvoirs du juge, et le jury, trouvant le minimum de la peine excessif, dérobait trop souvent l'accusé à l'application de la peine par une déclaration de non culpabilité; de sorte que sous l'empire du Code de 1810, comme en 1791, la rigueur même de la répression était une des causes principales de son énervement.

Il faut d'ailleurs remarquer que le juge ne pouvait modifier la nature de la peine en faveur d'un accusé digne d'intérêt, il n'avait que la faculté d'en faire varier la durée et l'étendue. Les peines perpétuelles (mort, — travaux forcés, — déportation), ne pouvaient être modifiées, et toutes les objections faites depuis 1791 contre l'inflexibilité des peines, se représentaient en 1810 avec d'autant plus de force que le Code pénal en avait condamné le principe, en faisant varier la durée des peines temporaires.

C'est cependant dans le Code de 1810 que se trouve l'origine de notre système des circonstances atténuantes: l'article 463 autorisa les tribunaux correctionnels, dans le cas où la peine de l'emprisonnement était prononcée par le Code, si le préjudice causé n'excédait pas 25 francs, et si les circonstances paraissaient atténuantes, à descendre dans l'application de la peine au-dessous du minimum légal, à réduire l'emprisonnement et l'amende au niveau des peines de simple police, à substituer même l'une de ces peines à l'autre ou à n'appliquer que l'une d'elles, lorsqu'elles étaient prononcées conjointement par la loi.

Cet article n'était applicable qu'à ceux des délits prévus par le Code pénal qui emportaient la peine de l'emprisonnement; il ne pouvait, d'autre part, être étendu à

ceux que réprimaient des lois spéciales non abrogées par
le Code pénal; on ne pouvait par exemple l'appliquer à
l'achat d'équipements militaires prévu par l'article 5 de
la loi du 28 mars 1793, aux délits forestiers, etc. (1).

La disposition de l'article 463 étant générale, les
juges correctionnels pouvaient en faire l'application aux
délits classés au chapitre des délits contre la paix publique, au délit d'outrage envers un maire en fonctions,
par exemple (2).

Le tribunal devait déclarer expressément dans son
jugement que le préjudice n'excédait pas 25 francs, et
qu'il existait des circonstances atténuantes, sans être toutefois obligé de les spécifier; il suffisait qu'il déclarât en
termes généraux qu'il en existait (3).

L'article 463 pouvant s'appliquer aux délits qui
avaient causé un certain préjudice, s'étendait à plus forte
raison à ceux qui n'en avaient causé aucun (4).

Mais, du moment que le législateur de 1810 reconnaissait que, dans certaines circonstances, la culpabilité
pouvait être amoindrie, pourquoi ne pas étendre aux
juges criminels la faculté qu'il accordait aux juges correctionnels de proportionner la peine à la gravité du délit :
ces circonstances ne peuvent-elles exister en matière criminelle et l'intérêt social n'exige-t-il pas au même degré
une répression équitable devant les deux juridictions :
pourquoi cette inégalité de traitement entre l'accusé et le
prévenu? La question s'est posée en 1810, et l'exposé des

(1) Cass., 10 sept. 1812; — 12 mars 1813; — 7 mars, 11 juill. 1817.
(2) Cass., 6 nov. 1812.
(3) Cass., 6 juin 1813.
(4) Cass., 14 févr.-13 mars 1812.

motifs du Code présenté au Corps législatif par M. Faure
nous fera connaître à quels scrupules erronés le législateur a cédé, en n'étendant pas la disposition de
l'article 463 aux faits qualifiés crimes par la loi : « Une
« disposition qui termine la partie du Code dont nous
« nous occupons en ce moment porte que, si le préjudice
« n'excède pas 25 francs et que les circonstances parais-
« sent atténuantes, les juges sont autorisés à réduire
« l'emprisonnement et l'amende jusqu'au minimum des
« peines de police ; au moyen de cette précaution, la
« conscience du juge sera rassurée, et la peine sera pro-
« portionnée au délit. Il n'était pas possible d'établir une
« règle semblable à l'égard des crimes. Tout crime em-
« porte peine afflictive ou infamante, mais tout crime
« n'emporte pas la même espèce de peine : tandis qu'en
« matière correctionnelle la peine est toujours soit l'em-
« prisonnement, soit l'amende, soit l'un et l'autre en-
« semble. Cela posé, la réduction des peines de police
« correctionnelle ne frappe que sur la quotité de l'amende
« et sur la durée de l'emprisonnement ; au contraire, les
« peines établies pour les crimes étant de différentes
« espèces, il faudrait, lorsqu'un crime serait atténué par
« quelque circonstance qui porterait le juge à considérer
« la peine comme trop rigoureuse quant à son espèce,
« il faudrait que le juge fût autorisé à changer l'espèce
« de peine et à descendre du degré fixé par la loi à un
« degré inférieur ; par exemple, à prononcer la réclusion
« au lieu des travaux forcés à temps, ou à substituer le
« carcan à la réclusion ; ce changement, cette substitution
« ne serait pas une réduction de peine proprement dite,
« elle serait une véritable commutation de peine. Or, le

« droit de commutation de peine est placé, par la Cons-
« titution, dans les attributions du souverain : il fait
« partie du droit de faire grâce. C'est au souverain seul
« qu'il appartient de décider, en matière de crime, si
« telle circonstance vérifiée au procès est assez atté-
« nuante pour justifier une commutation. La seule excep-
« tion laissée au pouvoir judiciaire est dans le cas d'ex-
« cuse ; encore faut-il que le fait allégué pour excuse soit
« admis comme tel par la loi avant qu'on puisse des-
« cendre, en cas de preuves, à une peine inférieure. Il
« résulte de ces observations qu'en fait de peine afflic-
« tive ou infamante, le juge doit se renfermer dans les
« limites que la loi lui a tracées ; qu'il ne peut dire que
« le fait est excusable que lorsque la loi a prévu formelle-
« ment les circonstances sur lesquelles l'excuse est
« fondée et que toute application d'une peine inférieure
« à celle tracée par la loi est un acte de clémence qui
« ne peut émaner que du prince, unique source de toutes
« les grâces (1). »

Le législateur de 1810 avait donc songé à étendre aux
matières criminelles le bénéfice de l'article 463, et s'il ne
l'a pas fait, c'est qu'il a confondu le droit de grâce avec
l'exercice régulier des pouvoirs du juge ; modifier la
peine prononcée par la loi, en diminuer l'étendue, en
changer même la nature, c'est la commuer, a-t-on pensé,
or, le droit de grâce n'appartient qu'au souverain et si le
juge avait de tels pouvoirs, il empiéterait sur les attributions du pouvoir exécutif. Ce raisonnement repose sur
une erreur : la grâce, en effet, n'opère que sur la peine

(1) Locré, t. 31, p. 164 et 165.

définitivement prononcée et le souverain ne peut exercer
son droit de pardon que lorsque l'œuvre de justice est
achevée; tandis que le juge, si la loi lui en a donné le
pouvoir, ne fait que remplir sa mission, en proportion-
nant la peine à la gravité de l'infraction.

La loi du 25 juin 1824 a comblé une partie de cette
lacune. On était déjà vivement frappé à cette époque de
la sévérité draconienne du Code pénal, et l'on reconnut
la nécessité de rendre applicable aux matières criminelles
le système des circonstances atténuantes; mais la réforme
ne fut pas complète, les législateurs de 1824 n'osèrent
admettre le correctif que pour un petit nombre de crimes;
la loi nouvelle appliquait ce système d'atténuation notamment aux faits suivants : 1° aux vols dans les champs,
qu'elle attribuait aux tribunaux correctionnels et punissait des peines portées par l'article 401 du Code pénal
(article 2); 2° à ceux commis dans l'auberge où le coupable était reçu, qui devaient être jugés par la même
juridiction et étaient passibles de la même peine (article 3);
3° à l'infanticide commis par la mère, laquelle peut dès
lors n'être punie que des travaux forcés à perpétuité;
4° aux coups et blessures volontaires ayant produit une
incapacité de travail de plus de vingt jours, qui ne furent
plus passibles que des peines de l'article 401, sans que
l'emprisonnement pût être de moins de 3 ans; 5° aux
vols commis sur les chemins publics sans armes, violences ni aucune des circonstances prévues par l'article
381 du Code pénal, qui purent n'être plus punis que des
travaux forcés à temps, et même de réclusion (article 7);
6° aux vols commis à l'aide d'effraction ou d'escalade,
sans que la peine pût être réduite soit à celle de la réclu-

sion, soit au maximum des peines correctionnelles déterminées par l'article 401 (article 8); 7° aux vols commis
la nuit dans une maison habitée, dont la peine peut être
réduite au maximum des peines correctionnelles fixées
par l'article 401 du Code pénal.

Le régime créé par le Code pénal et la loi de 1824
était peu satisfaisant; d'une part cette loi, trop restreinte
dans son objet, était insuffisante; de l'autre, la latitude
du maximum au minimum qui continuait à s'appliquer à
la plupart des crimes, ne correspondait pas aux différences qui pouvaient séparer les faits; la nature des
peines réservées à ces crimes continuait à être invariable,
et le minimum manquait, même dans les trois peines
afflictives perpétuelles.

La loi de 1824 avait en outre un autre vice, elle conférait à la Cour d'assises le droit d'apprécier et de déclarer les circonstances atténuantes, et par là elle faussait
le principe de la division des attributions du jury et de
la Cour; les jurés n'étaient plus seuls juges du fait. Il
résultait de ce système un grave danger, car l'incertitude
du jury sur le point de savoir si la Cour accorderait le
bénéfice des circonstances atténuantes, en le laissant dans
l'inquiétude sur les conséquences de sa décision, le
jetait dans un excès d'indulgence, parce qu'il n'était pas
certain d'échapper à un excès de sévérité. Le but de la
loi était donc manqué.

En 1832, on reconnut qu'il fallait trouver un moyen
d'étendre à toutes les matières la possibilité d'adoucir les
rigueurs de la loi autrement que par une minutieuse revision des moindres détails du Code pénal. Pour atteindre
ce but, la loi introduisit dans les affaires criminelles la

faculté d'atténuation que l'article 463 ouvrait pour les
matières correctionnelles. La loi a donc laissé aux jurés
le soin de modérer, à l'aide des circonstances atténuantes, les rigueurs d'un Code défectueux; on lit en
effet, dans le rapport adressé à la Chambre des députés :
« Le système des circonstances atténuantes sert à éluder
« de très graves difficultés qui se présentent dans la
« législation criminelle; il résoudra, dans la pratique, les
« plus fortes objections contre la peine de mort, contre
« la théorie de la récidive, de la complicité, de la tentative.
« Qu'importe, en effet, que la peine de mort soit une
« peine égale pour tous, et qui ne peut par conséquent
« s'appliquer avec équité à des crimes souvent inégaux,
« si l'admission des circonstances atténuantes permet
« d'écarter la peine de mort dans les cas les plus favo-
« rables? Qu'importe que la récidive ne procède pas
« toujours d'un progrès d'immoralité et par conséquent
« ne mérite pas toujours une aggravation de peine, si,
« dans les cas privilégiés, l'admission des circonstances
« atténuantes écarte cette aggravation? Qu'importe que
« la complicité, si diverse dans ses formes et dans sa cri-
« minalité, ne puisse toujours être équitablement assi-
« milée au crime principal, si l'admission des circons-
« tances atténuantes rétablit les différences que l'assi-
« milation générale du complice à l'auteur du crime a
« négligées? Qu'importe enfin, que la loi égale dans tous
« les cas la tentative à l'exécution, quoique dans l'opi-
« nion commune, la gravité d'un crime se mesure en
« partie aux résultats qu'il a produits, si l'admission des
« circonstances atténuantes permet au jury de tenir
« compte à l'accusé du bonheur qu'il a eu de ne pou-

« voir commettre son crime? Qu'on y pense bien, toutes
« ces questions si ardues, si controversées, dans l'examen
« desquelles il serait si difficile, même approximative-
« ment, de formuler les différences et de marquer les
« degrés, peuvent se résoudre avec autant de facilité que
« de justesse par le système des circonstances atté-
« nuantes confié à la droiture du jury. »

La réforme de 1832 a eu le grand avantage d'établir
entre les crimes et les châtiments une proportion plus
juste que la législation antérieure ; elle a rendu aux verdicts du jury leur sincérité et fortifié la répression pénale
en diminuant le nombre des acquittements. On lui a re-
proché d'avoir confondu les circonstances atténuantes,
indéfinissables de leur nature, avec d'autres faits tels que
l'ivresse, la faiblesse d'esprit, etc. On peut lui reprocher
en outre, à bien plus juste titre, d'avoir modifié d'une
façon trop profonde l'institution du jury fondée sur la
distinction du fait et du droit ; les jurés reçurent, en effet,
de la loi même le pouvoir de jeter les yeux au delà de
leur verdict et d'intervenir directement dans l'application
de la peine. Mais pour mettre la réforme d'accord avec
la théorie du Code pénal, il aurait fallu réviser toutes les
incriminations du Code pénal, et en 1832 on n'a voulu
pourvoir qu' « au plus pressé » ; c'est là qu'est la justification de la loi de 1832.

Le jury se préoccupe, en fait, de la peine à prononcer
et, dans bien des cas, la gravité de celle-ci suffit pour le
déterminer à admettre les circonstances atténuantes. Il
résulte des tableaux de la statistique criminelle de 1876
à 1880 que le jury a déclaré l'existence de ces circonstances 90 fois sur 100 dans les accusations capitales,

tandis que la moyenne générale de leur admission est de 74 pour 100.

La loi de 1832 produisait d'ailleurs les plus heureux effets : le nombre des acquittements fut réduit de près de moitié ; celui des condamnations correctionnelles augmenta dans la même proportion ; quant aux condamnations à des peines afflictives et infamantes, elles se sont maintenues en nombre à peu près égal (1). En présence de ces résultats il est difficile de méconnaître que l'extension du principe des circonstances atténuantes à toutes les matières criminelles a produit les effets qu'en attendait le législateur qui voulait « rendre la répression « moins rigoureuse, mais plus égale et plus assurée, et « racheter, par un peu d'indulgence, des chances trop « nombreuses d'impunité. »

Cependant on remarqua bientôt que dans un certain nombre de cas le jury se refusait à reconnaître comme des crimes des faits ainsi qualifiés par le Code, et se laissait entraîner souvent soit à acquitter contre l'évidence des faits, soit à réduire l'accusation aux proportions d'un simple délit par la négation presque systématique des circonstances aggravantes et par la déclaration habituelle des circonstances atténuantes ; aussi les magistrats, pour éviter cet énervement de la répression, avaient-ils été insensiblement amenés à rechercher le moyen de soustraire à la compétence du jury des infractions à l'égard desquelles il montrait trop d'indulgence, et c'est ainsi que l'on vit se produire un abus juridique qui consistait à dissimuler quelques-unes des circonstances aggravantes

(1) *La Justice en France*, rapport sur l'administration de la justice criminelle, p. 45.

constitutives du crime pour que le fait demeurât à l'état de simple délit et fût de la compétence de la juridiction correctionnelle. On reconnut en 1863 l'illégalité du procédé, mais on se montra également frappé des puissantes considérations d'ordre public qui l'avaient provoqué, et la loi nouvelle, uniquement soucieuse d'assurer la répression d'un certain nombre de crimes, les convertit en délits pour les soustraire à la compétence du jury.

Ainsi les coups et blessures ayant occasionné une incapacité de travail de plus de vingt jours, la concussion et la corruption dans certains cas, le faux témoignage en matière correctionnelle et de simple police, les menaces qui constituaient des infractions jusqu'alors qualifiées crimes, furent déférés à la juridiction correctionnelle. La statistique accuse d'ailleurs une réduction considérable du nombre des affaires dans lesquelles les crimes ont dégénéré en délits par suite de la déclaration du jury : de 1,279 en 1826-1830, il est tombé à 196 en 1876-1880; la proportion a varié de 24 à 6 pour 100.

Cette même loi, comme nous le verrons dans la suite de notre étude, restreignit les pouvoirs des juges correctionnels dans l'atténuation des peines et demeura en vigueur jusqu'au 27 novembre 1870, date à laquelle un décret du gouvernement provisoire a remis en vigueur à cet égard les dispositions édictées en 1832.

La loi du 28 avril 1832 ne s'est pas bornée à étendre la faculté d'admission des circonstances atténuantes aux matières criminelles; elle en a autorisé la déclaration en matière de simple police en vertu de son article 102, qui constitue actuellement le second paragraphe de l'article 483 du Code pénal.

Plusieurs acquittements récemment prononcés par le jury dans de retentissantes affaires d'assassinat ou de meurtre ont vivement ému l'opinion publique et ont attiré l'attention du législateur sur les défectuosités que contient encore notre organisation des circonstances atténuantes. Une réforme paraît d'autant plus urgente sur ce point que l'on rend le jury responsable des vices de notre législation et que notre unique juridiction criminelle se trouve de la sorte dangereusement compromise.

On a proposé d'accorder aux juridictions d'instruction le droit de correctionnalisation qui leur a été accordé par la loi belge du 4 octobre 1867 (1). En fait ces juridictions usent parfois de ce procédé en ne relevant pas les circonstances aggravantes qui ont pour résultat de convertir le crime en délit; mais ce n'est là qu'un subterfuge auquel le prévenu ne se prête pas toujours et parfois on a vu celui-ci se prévaloir devant la juridiction correctionnelle de l'excès de son indignité pour revendiquer un renvoi devant la Cour d'assises.

Il paraît difficile d'accorder à d'autres juges qu'à ceux qui à la suite d'un débat oral statuent sur la culpabilité de l'accusé et sur l'application de la peine, le droit de déclarer l'existence des circonstances atténuantes; cette déclaration doit être l'épilogue et non le prologue d'un procès criminel; ce serait d'ailleurs vis-à-vis du jury un acte de regrettable méfiance.

On a proposé, d'autre part, d'accorder au jury lui-même le droit d'appliquer la peine. Au premier abord et

---

(1) Bertauld, *Cours de Code pénal,* p. 403.

bien que ce soit le renversement des principes de notre droit criminel, cette proposition est séduisante : si, en matière correctionnelle, c'est la même personne qui déclare la culpabilité et qui applique la peine, pourquoi n'en serait-il pas de même en matière criminelle ? pourquoi ne pas permettre aux jurés d'apprécier eux-mêmes la portée pénale de leur verdict ?

On pourrait se rallier à ce système si l'application de la peine était toujours une chose simple et facile ; si le juge était toujours libre du choix de la peine et de sa quotité ; mais il n'en est pas ainsi : avant d'appliquer la peine le juge doit commencer par se rendre compte de la qualification juridique du fait punissable ; et la chose n'est pas aisée, les magistrats les plus experts s'y trompent quelquefois. Le juge doit ensuite rechercher dans le Code quelle est la peine applicable au fait dûment qualifié : il doit ensuite examiner si certaines circonstances ne sont pas des causes tantôt d'aggravation, tantôt d'atténuation, tantôt même d'exemption de la peine. Les questions auxquelles donnent naissance la récidive, les excuses, les faits justificatifs, les circonstances atténuantes, le cumul ou la confusion des peines sont souvent délicates et compliquées ; on ne peut en confier la solution qu'à des hommes ayant fait de la science du droit l'objet constant de leurs études et que la pratique judiciaire a rompus au maniement de toutes ces difficultés. Le jury, tel qu'il est organisé par la loi actuelle et recruté comme il doit l'être, n'est pas apte à remplir le rôle que ce système lui attribue.

Puisque le minimum des peines qui doivent être appliquées en cas de déclaration des circonstances atté-

nuantes paraît dans certains cas être trop élevé et que
c'est presque toujours cette considération qui détermine
les jurés à l'acquittement, pourquoi n'abaisserait-on pas
ce minimum en même temps qu'on établirait une gradation dans les circonstances atténuantes? Pourquoi, si l'on
accorde au jury le droit de reconnaître des circonstances
atténuantes, ne lui accorderait-on pas le droit de reconnaître des circonstances *très atténuantes?*

Et pourquoi ces circonstances étant reconnues n'abaisserait-on pas le minimum de la peine applicable jusqu'à
la limite des peines de simple police? Cette solution,
d'un fonctionnement simple et pratique, ne bouleverse
aucun des principes de notre législation criminelle : elle
permettrait aux jurés de concilier leurs sentiments et
leurs devoirs en même temps qu'elle permettrait aux
juges de s'associer dans une mesure plus large aux vœux
exprimés par le jury. L'introduction dans notre législation de ce système, qui fonctionne dans le canton de
Genève, ainsi que nous le verrons dans le dernier chapitre de notre étude, a été proposée par M. Bozérian (1).

---

(1) *Sénat,* Annexe au procès-verbal de la séance du 4 mai 1885,
n° 121.

CHAPITRE II

DE LA DÉTERMINATION LÉGALE ET JUDICIAIRE
DES CIRCONSTANCES ATTÉNUANTES

SECTION Iʳᵉ. — *De la Détermination légale des circonstances atténuantes.* — Les circonstances atténuantes doivent-elles être limitativement énumérées par le législateur? La loi n'en a point donné de définition et elle ne pouvait le faire; toute énumération eût été en effet incomplète, car il n'existe pas de critérium absolu auquel on puisse mesurer la culpabilité de chaque délinquant; c'est une appréciation essentiellement relative et qu'est seul à même de faire le juge, auquel l'examen minutieux de chaque affaire, a permis d'étudier le degré de perversité du prévenu et les circonstances qui ont précédé, accompagné et suivi l'infraction.

Voici d'ailleurs en quels termes l'exposé des motifs se prononçait sur la question : « Les circonstances atté-
« nuantes ne sont pas des accessoires du fait principal;
« elles sont une partie essentielle de ce fait lui-même
« et elles déterminent son plus ou moins haut degré
« d'immoralité; ce vol est moins criminel parce que le
« coupable n'a pas eu pleine conscience de son crime,
« parce qu'il a été séduit, passionné, parce qu'il a fait
« des aveux, témoigné du repentir, essayé une répara-

« tion. Comment détacher du fait principal ces circons-
« tances ? comment les préciser dans leur variabilité ?
« comment s'exposer à leur donner la consistance trom-
« peuse d'une jurisprudence avec ses généralités et ses
« règles ? N'est-il pas mille circonstances qui, atténuantes
« dans beaucoup de cas, seront aggravantes pour d'au-
« tres ? Les différences d'âge, de sexe, de fortune, les
« passions, les intérêts, les habitudes, ne font-elles pas
« présumer tantôt une perversité plus profonde, tantôt
« de justes droits à la pitié ? »

Les circonstances atténuantes ont plusieurs points
d'analogie avec les excuses et avec certains faits qui,
sans être des excuses proprement dites, jouent le même
rôle dans la loi pénale ; elles s'en distinguent néanmoins
par des caractères essentiels.

Les excuses sont des faits limitativement déterminés
par la loi (C. p., art. 65, 66, 100, 108, 114, 321, 324, 325)
dont l'existence, reconnue par le jury, entraîne, tantôt
par des motifs de pur intérêt public, tantôt par indulgence pour le délinquant, une diminution ou une
exemption de peine.

Les circonstances atténuantes en diffèrent à plusieurs
points de vue :

Les circonstances atténuantes sont multiples, variant
avec les mille nuances des diverses infractions et nécessairement indéfinies, tandis que les excuses ont été ca-
ractérisées par la loi pénale d'une manière limitative : de
plus ces dernières, à raison de leur nature même, doivent faire de la part de la Cour l'objet d'une question
spéciale ; jamais, au contraire, on ne doit interroger les
jurés sur le point de savoir s'il existe en faveur de l'ac-

cusé des circonstances atténuantes; le silence du jury suffit à les exclure, et s'il entend les admettre, c'est de lui-même et sans question préalable que cette déclaration doit émaner.

Les circonstances atténuantes diffèrent encore des excuses sous un troisième rapport; elles amènent une atténuation de peine beaucoup moins considérable que les excuses. Ainsi, par exemple, admettons que dans un cas de meurtre des circonstances atténuantes soient déclarées, la peine sera celle des travaux forcés à perpétuité, elle pourra toutefois, par la volonté de la Cour d'assises, descendre jusqu'à la réclusion; au contraire, que dans ce même cas de meurtre une excuse soit déclarée, la peine descendra, non pas d'un ou de deux degrés, mais au lieu d'être criminelle la peine appliquée sera correctionnelle.

Les faits que la loi déclare constituer des excuses réduisent donc les peines dans une proportion beaucoup plus forte que ne le font les circonstances atténuantes.

Ce sont là autant de différences essentielles qui ne permettent aucune confusion entre ces deux causes d'abaissement des peines.

Les cas de non-imputabilité définis dans l'article 64 du Code pénal se distinguent des circonstances atténuantes, puisque ces dernières laissent subsister et l'imputabilité et la culpabilité.

SECTION II. — *De la détermination judiciaire des circonstances atténuantes.* — Une seconde question générale est celle de savoir si les juges doivent se borner à déclarer qu'il existe dans la cause des circonstances atténuantes ou s'il y a lieu d'exiger qu'ils indiquent dans quels éléments de l'affaire ils les ont puisées.

Quelques législations, dans un esprit de défaveur contre les circonstances atténuantes et dans l'espérance d'en restreindre ainsi l'admission, ont astreint les juges à formuler dans leur sentence la nature des circonstances qui pouvaient provoquer une atténuation de la répression; mais on ne voit pas que cette formalité à laquelle on assujettit les magistrats, et qui n'est en réalité qu'une mesure de suspicion à leur égard, produise les résultats que le législateur en attendait, car la pratique finit par consacrer un certain nombre de formules, dont les termes, calculés à dessein, sont assez vagues pour permettre d'y adapter des espèces fort diverses; aussi jamais une disposition de cette nature n'a-t-elle trouvé place dans nos lois (1).

---

(1) Nous avons déjà cité un arrêt du 3 juin 1813, aux termes duquel il suffisait que le jugement indiquât qu'il existait des circonstances atténuantes.

CHAPITRE III

De l'Admission des Circonstances atténuantes

Ce chapitre sera divisé en trois sections consacrées à l'étude de l'admission des circonstances atténuantes dans chacune des matières criminelle, correctionnelle et de simple police.

SECTION I. — *De l'admission des circonstances atténuantes en matière criminelle.* — Le premier paragraphe de l'article 463 est ainsi conçu : « Les peines prononcées « par la loi contre celui ou ceux des accusés reconnus « coupables, en faveur de qui le jury aura déclaré les « circonstances atténuantes, seront modifiées ainsi qu'il « suit..... »

L'extrême généralité des termes de ce premier paragraphe permet d'en conclure qu'il embrasse toutes les peines criminelles prononcées par une loi quelconque. A la différence de ce qui a lieu, comme nous le verrons plus tard, en matière correctionnelle, il n'est pas nécessaire qu'un crime ait été réprimé par le Code pénal pour que les circonstances atténuantes puissent être admises par le jury : peu importe donc que le fait soit puni par une loi antérieure ou postérieure au Code pénal, que cette loi appartienne à la législation générale ou à la lé-

gislation spéciale, s'il entraîne l'application d'une peine
criminelle, le bénéfice de l'article 463 peut être reconnu
au profit de l'accusé.

La Cour de cassation s'est à différentes reprises rangée
à cette interprétation, notamment par un arrêt du
27 septembre 1832; l'accusé était traduit devant la Cour
d'assises pour crime de provocation à la désertion : le
jury l'avait déclaré coupable avec des circonstances atténuantes, mais la Cour d'assises avait décidé « que l'article
« 463 ne peut être appliqué que dans les matières pré-
« vues par le Code, à moins de dispositions expresses
« placées dans une autre loi et qui déclarent cet article
« applicable; qu'il s'agit de l'application d'une loi spé-
« ciale, celle du 4 nivôse an IV, qui n'a reçu aucune
« modification par les dispositions du Code pénal; qu'en
« effet ce Code, dans son article 484, dispose qu'il n'est
« point dérogé aux matières réglées par des lois ou
« règlements particuliers que les cours et tribunaux
« continueront d'observer : que la Cour ne doit donc
« avoir aucun égard à la partie de la déclaration du jury
« portant qu'il existe des circonstances atténuantes en
« faveur de l'accusé. » Mais cette décision a été cassée
par la Cour de cassation : « Attendu que les dispositions
« de l'article 463 sont aussi indéfinies qu'absolues; que
« par la généralité de ses expressions il embrasse néces-
« sairement toutes les peines prononcées par une loi
« quelconque encore subsistante contre l'accusé reconnu
« coupable d'un crime, en faveur duquel le jury a
« déclaré des circonstances atténuantes; qu'en effet,
« lorsque dans le même article on a voulu appliquer
« l'échelle de réduction aux seules peines prononcées

« par le Code pénal lui-même, le législateur s'en est
« expliqué formellement au dernier paragraphe du même
« article; que l'article 484 se borne à maintenir les dis-
« positions pénales sans lesquelles des lois spéciales et
« des règlements particuliers, quoique non renouvelés
« par le Code pénal dans des matières qui n'ont pas été
« réglées par le Code même, resteraient sans exécution;
« que cet article n'a pu avoir pour objet d'apporter au-
« cune restriction à l'article 463, dont les dispositions
« générales s'appliquent non seulement à tous les crimes
« prévus par le Code pénal, mais encore à ceux que
« punit toute autre loi non abrogée (1). »

Un autre arrêt de la Cour suprême, en date du 6 novembre 1862, a consacré la même jurisprudence à l'occasion du crime de baraterie prévu et réprimé par la loi
du 20 avril 1825 et le décret du 24 mars 1852.

Ce n'est pas la seule difficulté qu'ait soulevée le
premier paragraphe de l'article 463; on s'est demandé
également si les termes dont le législateur s'est servi en
accordant au jury le soin de reconnaître en matière
criminelle l'existence des circonstances atténuantes,
n'excluaient pas de ce bénéfice les accusés qui compa-
raissent devant d'autres juridictions criminelles, les conseils de guerre, et comme d'autre part les tribunaux
militaires peuvent réprimer tantôt des crimes de droit
commun, tantôt des crimes militaires, la question s'est
dédoublée et la difficulté s'est présentée sous deux faces
distinctes.

Et d'abord il semble difficile de refuser aux juridic-

_____

(1) Cass., 27 sept. 1832, bull. n° 373.

6

tions criminelles militaires le droit de graduer les peines
du Code pénal suivant les règles mêmes de ce Code,
quand elles appliquent les peines conformément à l'art.
265 du Code pénal militaire; nous avons vu, en effet,
que le législateur a voulu s'épargner le soin d'une revision
appliquée à chaque peine et qu'en présence de l'excessive sévérité de ses dispositions il s'est borné à poser à
la fin du Code un grand principe d'atténuation dont il a
laissé l'application au jury. Chacune des peines ne peut
donc être appliquée qu'avec le correctif qui l'accompagne,
et lorsque la loi a déclaré que les circonstances atténuantes seraient reconnues par le jury elle n'a prévu que
le cas le plus fréquent; or les juges militaires sont juges
et jurés à la fois, ils peuvent donc, après s'être prononcés
sur la question de culpabilité, examiner s'il existe dans la
cause des circonstances atténuantes; si cette faculté leur
était refusée, il en résulterait que les mêmes délits com-
muns seraient soumis à une répression différente suivant
qu'ils seraient déférés à des juridictions militaires ou de
droit commun.

Mais faudra-t-il également reconnaître aux conseils
de guerre le droit d'admettre des circonstances atténuantes lorsqu'ils répriment des crimes prévus par la loi
militaire en se fondant sur la généralité des termes dans
lesquels est conçu l'article 463 ? La question a été soulevée en 1833 par le garde des sceaux, qui a déféré à la
Cour de cassation, dans l'intérêt de la loi, trois décisions
rendues par des conseils de revision qui reconnaissaient
comme étant applicables par les juridictions militaires
les articles de la loi du 28 avril 1832 relatifs aux circonstances atténuantes; la Cour de cassation a prononcé

l'annulation de ces trois sentences. « Attendu que les lois
« antérieures ne sont abrogées ou modifiées par les lois
« postérieures qu'autant que celles-ci ont eu évidem-
« ment pour objet de statuer sur les mêmes matières ;
« qu'il est évident, par le texte même de la loi du 28
« avril 1832, qu'elle n'a eu d'autre objet que de modifier
« le Code pénal de 1810 et le Code d'instruction crimi-
« nelle de la même époque, et que la législation militaire
« n'a dû ni pu, par conséquent, en recevoir aucune at-
« teinte, et qu'enfin les articles 5 et 484 du Code pénal.
« de 1810 ne sont pas du nombre de ceux dont la loi du
« 28 août 1833 a prononcé l'abrogation ou la modifica-
« tion ; que la discussion de cette loi dans le sein des
« deux Chambres législatives n'offre aucune trace de
« l'intention du législateur d'étendre l'application des
« circonstances atténuantes aux délits militaires, et qu'au
« contraire, plusieurs amendements ayant pour objet
« d'étendre cette disposition nouvelle aux délits et aux
« contraventions non prévues par le Code pénal de 1810
« ont été rejetés ; d'où il suit que les circonstances atté-
« nuantes n'étant pas admises pour les simples délits mili-
« taires, elles ne peuvent l'être pour les crimes militaires ;
« que si le premier paragraphe de l'article 94 de la loi du
« 28 avril 1832, qui forme l'article 463 du Code pénal,
« parle en général de l'application des circonstances atté-
« nuantes aux *peines prononcées par la loi,* cette expression
« ne peut s'entendre en ce sens qu'elle s'appliquerait aux
« peines prononcées par les lois militaires, puisque cette
« interprétation serait en contradiction formelle avec les
« articles 2 et 12 de la même loi et avec les articles 5 et
« 484 du Code pénal ; que d'ailleurs les paragraphes 2

« et suivants de l'article 463 précité règlent, d'après
« l'échelle des peines prononcées par le Code pénal
« ordinaire, l'effet des circonstances atténuantes admises
« pour chacun des crimes prévus et classés par le même
« Code; d'où il suit que cette échelle proportionnelle de
« réduction ne saurait s'appliquer à des peines et à des
« crimes portés par les lois militaires et qui peuvent
« être classés d'une manière tout à fait différente des
« lois ordinaires; que dès lors les conseils de guerre et
« les conseils de revision qui ont appliqué à des faits de
« leur juridiction l'article 463 du Code pénal revisé, en
« ont fait une fausse application; que la faculté d'atténuer
« les peines en certains cas, qui était attribuée aux con-
« seils militaires par l'article 20 de la loi du deuxième
« jour complémentaire an III, n'a pas été conférée aux
« conseils de guerre par la loi de leur institution, qui est
« en date du 13 brumaire an V, et qui est d'ailleurs
« en opposition avec les dispositions combinées des
« articles 32, 33 et 42 de cette dernière loi; d'où il
« suit que l'atténuation de la peine prononcée par les
« jugements attaqués constitue un véritable excès de
« pouvoir (1). »

La controverse n'existe plus d'ailleurs depuis les lois
du 6 juin 1857 (Code de justice militaire) et du 4 juin
1858 (Code de l'armée de mer). Aux termes de la première de ces lois, en effet, si les tribunaux militaires
ou maritimes ont à statuer sur des crimes ou délits prévus et punis par les Codes de justice militaire et maritime commis par des individus appartenant aux armées

(1) Cass., 2 mars 1833, bull. n° 83.

de terre ou de mer, ils pourront accorder le bénéfice des circonstances atténuantes, non pas d'une manière générale, mais seulement dans des cas spécialement déterminés (articles 248-250 à 252-254-255-257-261-263-265 du Code de justice militaire et articles 331-335 à 337-343-344 du Code de l'armée de mer); mais en atténuant les peines dans les limites strictement fixées par ces articles, les juridictions militaires ne font pas application de l'article 463.

Si ces tribunaux ont, au contraire, à juger des individus appartenant aux armées de terre ou de mer qui se sont rendus coupables de crimes ou de délits prévus et punis par le Code pénal, ils appliqueront, aux termes des articles 267 du Code de justice militaire et 364 du Code de justice maritime les peines édictées par les lois ordinaires et pourront les modérer par l'admission des circonstances atténuantes, conformément à l'article 463.

Les articles 198 du Code de justice militaire et 256 du Code de justice maritime, décident en outre que, lorsque des individus n'appartenant ni à l'armée de terre ni à l'armée de mer sont déférés aux tribunaux militaires ou maritimes par suite de l'état de siège ou parce qu'ils sont prévenus de crimes et délits punis par le Code de l'armée, on pourra les faire bénéficier des dispositions de l'article 463 du Code pénal.

Mais le texte de l'article 198 se bornant, dans tous les cas qu'il indique, à donner aux conseils de guerre seuls mentionnés la faculté de modérer les peines de ce Code par l'admission des circonstances atténuantes, semblait implicitement la refuser aux tribunaux ordinaires ; il résultait de cette rédaction trop peu précise que la juridic-

tion militaire aurait pu s'attribuer une plus grande latitude d'indulgence que les juges de l'ordre civil; c'était
là une anomalie que les rédacteurs du Code maritime
ont évitée lorsque, en reproduisant dans leur article 256
l'article 198 du Code de l'armée de terre ils l'ont modifié de manière à rétablir à l'égard des individus non
militaires l'uniforme application de la loi pénale devant
toutes les juridictions.

Voici la rédaction rectifiée du Code de justice maritime, art. 256 : « *Lorsque des individus n'appartenant ni*
« *à l'armée de terre ni à l'armée de mer sont traduits soit*
« *devant un tribunal de la marine, soit devant les tribunaux*
« *ordinaires pour des faits prévus par le présent Code, il*
« *peut leur être fait application de l'article 463 du Code*
« *ordinaire.* »

C'est dans ce sens qu'il convient d'entendre désor-
mais l'article 198 du Code de justice militaire dont
l'article 256 du Code de justice maritime est devenu en
quelque sorte le commentaire légal. La question a été
résolue de la sorte, en pratique, par une circulaire du
garde des sceaux en date du 10 août 1858.

Les Cours d'assises peuvent-elles accorder le bénéfice
des circonstances atténuantes aux accusés qu'elles jugent
par contumace, c'est-à-dire « sans assistance et inter-
« vention des jurés » ? La loi ne leur accorde pas expli-
citement ce pouvoir et n'autorise la réduction des peines
que dans les cas où c'est le jury qui a déclaré l'accusé
coupable et a admis en sa faveur les circonstances atténuantes ; cela semble ressortir des termes du premier
paragraphe de l'article 463, qui déclare que les peines
seront modifiées pour les accusés reconnus coupables

« en faveur de qui le jury aura déclaré des circonstances
« atténuantes. »

Cette opinion a pour elle l'autorité de la Cour de
cassation, qui s'est décidée par ces motifs de droit :
« Attendu qu'il résulte de la combinaison des articles 463
« du Code pénal et 341 du Code d'instruction criminelle,
« que le droit de déclarer des circonstances atténuantes,
« en matière criminelle, en faveur des accusés reconnus
« coupables, n'appartient qu'au jury ; que l'attribution
« faite d'un tel pouvoir au jury par le premier alinéa de
« l'article 463 du Code pénal est de sa nature limitative ;
« qu'elle ne peut par conséquent, par des motifs quel-
« conques d'analogie, être étendue aux Cours d'assises
« procédant sans assistance ni intervention de jury,
« conformément à l'article 470 du Code d'instruction
« criminelle, au jugement des accusés contumax ; que
« l'existence de circonstances atténuantes ne saurait être
« d'ailleurs reconnue et déclarée que par le résultat d'un
« débat oral et contradictoire, que repousse formelle-
« ment l'article 468 du Code d'instruction criminelle,
« relatif aux jugements par contumace dont les éléments
« ne sont puisés que dans l'instruction écrite (1). »

Cette jurisprudence a été combattue avec beaucoup de
force par des criminalistes éminents et nous ne croyons
pouvoir mieux faire que de résumer les arguments qui
lui ont été opposés, victorieusement nous semble-t-il,
par MM. Chauveau et Faustin Hélie.

Ces commentateurs font remarquer que la Cour d'assises peut acquitter ou absoudre l'accusé contumax,

_____

(1) Cass., 4 mars 1842, bull. n° 50.

qu'elle peut dépouiller le fait qui lui est soumis de son caractère de crime et ne prononcer que des peines correctionnelles ou de simple police, qu'elle peut enfin statuer sur les questions d'excuses légales résultant du procès; pourquoi ne pourrait-elle pas accorder au contumax le bénéfice des circonstances atténuantes ? On a répondu qu'en donnant au fait son véritable caractère, en absolvant ou en acquittant, on ne fait que rendre la justice que l'on doit à tous, même à ceux qui échappent à la vindicte publique; tandis que l'admission des circonstances atténuantes est, comme la loi l'indique elle-même, une faveur accordée à l'accusé, faveur qui ne peut être méritée que par celui qui se présente devant ses juges et se soumet à l'expiation de sa faute. Cette dernière considération ne nous paraît avoir aucun caractère juridique et méconnaît l'influence nécessaire des éléments favorables à l'accusé sur l'application de la peine.

On ne saurait admettre, d'autre part, que les circonstances atténuantes ne puissent être reconnues que par un débat oral et contradictoire; il est au contraire possible que d'après les pièces mêmes, dans la nature des faits, dans les interrogatoires écrits des témoins, la Cour d'assises relève des faits d'excuse et d'atténuation; elle peut, sur la procédure écrite, reconnaître la non existence des circonstances aggravantes et les écarter; elle peut reconnaître sur les mêmes pièces l'innocence de l'accusé et l'acquitter. Par quels motifs cette procédure ne serait-elle vide d'éléments de décision qu'en ce qui concerne les circonstances atténuantes ? En l'absence de l'accusé peut-être seront-elles plus difficiles à constater, mais il n'en résulte pas qu'elles ne puissent pas l'être.

D'ailleurs les circonstances atténuantes peuvent être reconnues en matière correctionnelle et de simple police, même en faveur de l'inculpé qui fait défaut ; la Cour de cassation s'est ralliée elle-même à cette opinion par un arrêt du 1er décembre 1842 : « Attendu que les tribunaux « de simple police et de police correctionnelle remplis- « sent dans l'exercice de leurs attributions les fonctions « dévolues aux jurés dans les affaires du grand criminel ; « qu'ils sont comme ceux-ci appréciateurs et juges des « faits soumis à leur examen, ainsi que de la culpabilité « ou de l'innocence des prévenus ; que les articles 483 et « 463 du Code pénal ont abandonné à leur discernement « et à leur conscience l'usage du pouvoir dont ils les « investissent dans les cas où les circonstances de la « contravention ou du délit leur paraissent atténuantes ; « qu'ils doivent dès lors recevoir leur application, même « dans les jugements par défaut, par la raison que la « conviction des magistrats à cet égard peut résulter « soit de la simple lecture du procès-verbal dressé contre « l'inculpé, soit du libellé de la citation ».

La Cour de cassation n'a jamais varié dans cette jurisprudence et il nous paraît que, par identité de raisons, elle aurait dû admettre que les Cours d'assises jugeant par contumace font à la fois fonctions de juges et de jurés et peuvent accorder le bénéfice des circonstances atténuantes.

SECTION II. — *De l'admission des circonstances atté- nuantes en matière correctionnelle.* — La loi s'est servie de termes bien différents pour limiter la faculté d'admis- sion des circonstances atténuantes suivant qu'elles s'appliquent à des crimes ou à des délits ; nous avons vu qu'elle autorisait le jury à modifier par sa déclaration *toutes les peines criminelles prononcées par la loi ;* l'article 463 s'exprime à l'égard des délits d'une manière beaucoup plus restrictive et n'autorise un affaiblissement de la répression que « dans tous les cas où la peine de l'em- « prisonnement et celle de l'amende sont prononcées par « le Code pénal ». On avait proposé, en 1832, d'étendre la disposition à « tous les cas où les peines d'empri- « sonnement et d'amende sont prononcées par des lois « autres que le Code pénal, sauf quelques exceptions », et la Chambre des députés rejeta cette disposition, considérant que la presque totalité des lois pénales étrangères au Code de 1810 ayant été rédigées postérieurement à ce code avaient eu nécessairement en vue l'article 463 dont elles avaient, suivant les cas et en entière connaissance de cause, accordé ou refusé le bénéfice.

On ne voulut pas troubler par une disposition générale rétrospective l'économie de tant de lois diverses dont chacune avait été faite dans un esprit qui lui était propre et dans chacune desquelles la faculté d'accorder des circonstances atténuantes avait été repoussée avec intention et réflexion.

Lors de la discussion de la loi de 1863, MM. Darimon, Jules Favre, E. Ollivier, Picard et Hémon demandèrent par voie d'amendement : « que l'article 463 fût « applicable toutes les fois que la loi, soit pour délit, soit « pour contravention, prononce une peine d'emprisonne- « ment ou d'amende » ; le législateur de 1863 refusa de s'engager dans cette voie et l'amendement fut rejeté.

Il faut par conséquent tenir pour constant que l'article 463 ne peut être appliqué que dans les matières sur lesquelles légifère le Code pénal, à moins de disposition expresse placée dans une autre loi qui déclare cet article applicable. La Cour de cassation n'a jamais varié dans cette jurisprudence (1); aussi, presque toutes les lois spéciales votées depuis cette époque contiennent un article autorisant l'admission des circonstances atténuantes (2). A l'inverse, certaines lois déclarent expressément que l'article 463 ne sera pas applicable ; telle est la loi du 3 mai 1844 sur la chasse, article 20.

Mais si l'article 463 ne s'applique pas de plein droit

(1) Cass., 13 sept. 1832; — 12 juin 1832; — 18 avril 1835; — 7 sept. 1837, etc.

(2) Loi du 10 avril 1834 sur les associations, art. 2, dernier alinéa.

Loi du 5 juill. 1844 sur les brevets d'invention, art. 44.

Loi du 13 avril 1850 sur l'assainissement des logements insalubres, art. 12.

Loi du 19 déc. 1850 relative au délit d'usure, art. 6.

Loi du 27 déc. 1851 sur les lignes télégraphiques, art. 13.

Loi du 28 mars 1852 sur la contrefaçon d'ouvrages étrangers, art. 3, § 2.

Loi du 21 juill. 1856 sur les appareils et bateaux à vapeur, art. 23.

Loi du 23 juin 1857 sur les marques de fabrique et de commerce, art. 12.

Loi du 24 juill. 1867 sur les sociétés, qui dispose dans son art. 12 que l'art. 463 est applicable aux délits qu'elle prévoit dans les art. 13, 14 et 15.

Loi du 12 févr. 1872 relative à la reconstitution des actes de l'état civil de Paris, art. 22.

Loi du 14 mars 1872 contre les affiliés de l'Association internationale des travailleurs, qui dispose dans son art. 5 que l'atténuation de l'art 463 ne pourra opérer que sur les peines de l'amende et de l'emprisonnement, excluant de la sorte la privation des droits civiques, civils et de famille, et la surveillance de la haute police.

L'art. 9 de la loi du 23 janv 1873, sur la répression de l'ivresse, contient une disposition analogue.

Loi du 19 mai 1874 sur le travail des enfants mineurs.

Loi du 9 mars 1878 sur le colportage.

aux délits prévus par des lois spéciales, il s'applique à tous les délits prévus par le Code pénal sans aucune exception. Un doute s'était cependant élevé au sujet de la disposition contenue dans l'article 198 : aux termes de cet article, « les fonctionnaires publics qui se rendent « coupables d'un délit de police correctionnelle subiront « toujours le maximum de la peine attachée à cette « espèce de délit ». Quelque absolues que soient ces expressions, elles n'excluent point l'application de l'article 463, et le mot « toujours » employé dans cet article veut dire que les tribunaux doivent prononcer contre les fonctionnaires publics pour les cas qui y sont spécifiés le maximum de la peine, à moins qu'il n'y ait des circonstances atténuantes (1).

La Cour de cassation a même jugé que l'article 463 s'applique aux pénalités déterminées par des lois antérieures lorsqu'elles ont été en partie modifiées ou rappelées par le Code pénal. En conséquence, les peines prononcées par le Code civil contre les officiers de l'état civil pour les délits relatifs à la tenue des actes concernant le mariage ayant été rappelés par le Code pénal, peuvent être modérées par l'admission des circonstances atténuantes (2).

Lors de la rédaction de l'article 463 en 1832, M. de Podenas avait demandé qu'aux mots : « *en toute matière* « *criminelle* » on substituât ceux-ci « *en toutes matières* « *soumises au jury* », afin que les délits de la presse et les délits politiques qui ne sont pas matière criminelle fussent compris dans la disposition, que le jury pût

(1) Cass., 27 juin 1834.
(2) Bastia, 1er oct. 1844.

déclarer à l'égard de ces délits l'existence des circonstances atténuantes et que les peines fussent réduites en
conséquence. Cette proposition fut rejetée sur les observations présentées par M. Parant au nom de la Commission. Ainsi il est bien certain qu'en matière criminelle
seulement et non en matière de délits de presse et de
délits politiques le jury pourra déclarer qu'il y a des
circonstances atténuantes; cette résolution paraît au premier aperçu bien sévère et l'on ne comprend pas comment
la faveur accordée aux accusés des crimes les plus graves
est refusée aux accusés de délits politiques et de presse;
mais il faut reconnaître que l'amendement de M. de
Podenas aurait eu pour conséquence de transférer le
pouvoir de déclarer les circonstances atténuantes en
matière correctionnelle, des juges au jury, et qu'il aurait
ainsi violé un principe que le législateur de 1832 avait
lui-même établi.

La loi de 1832 a de plus apporté une modification
importante à l'ancien texte de l'article 463 au point de
vue qui nous occupe; celui-ci était ainsi conçu : « *Dans*
« *tous les cas où la peine de l'emprisonnement est portée par*
« *le présent Code* », et la loi actuelle dit : « *Dans tous les*
« *cas où la peine de l'emprisonnement et celle de l'amende*
« *sont prononcées par le présent Code* ».

Les conséquences de ce changement de rédaction
méritent d'être signalées : sous l'empire de l'ancien Code,
lorsque l'amende seule était prononcée il n'y avait point
faculté d'appliquer l'article 463; la réduction n'était
permise qu'autant que dans la peine édictée par la loi
l'emprisonnement était joint à l'amende. M. Lavialle de
Masmorel fit remarquer que souvent cette disposition

produisait des conséquences bizarres et il demanda que la faculté de réduction des peines pût être exercée dans *tous les cas où la peine de l'emprisonnement et celle de l'amende sont prononcées soit cumulativement, soit séparément par le Code pénal.*

M. Parant, au nom de la commission, a déclaré adopter les principes exposés par M. de Masmorel; mais il a présenté une nouvelle rédaction qui se trouve actuellement dans la loi. Il semble cependant que la formule proposée par M. de Masmorel était préférable : elle exprimait nettement et sans équivoque possible sa pensée, c'est-à-dire que l'article 463 pouvait être appliqué au cas où l'emprisonnement est prononcé seul, au cas où l'amende est prononcée seule et enfin au cas où ces deux peines sont prononcées conjointement; tandis que la rédaction adoptée par la Chambre des députés pourrait laisser supposer qu'il faut que l'emprisonnement et l'amende soient prononcés conjointement pour que le bénéfice de l'article 463 puisse être réclamé; mais la comparaison avec l'ancien texte et les explications données au cours de la discussion ne laissent aucun doute sur l'intention du législateur, qui a voulu que les circonstances atténuantes puissent être reconnues dans tous les cas.

Il existe dans notre législation spéciale une nature d'infraction qui est punie de peines rigoureuses, qui est déférée à la juridiction correctionnelle et que l'on a pourtant qualifiée de contravention. Ainsi par exemple, sous l'empire de l'ancienne législation relative à la liberté de la presse, la publication d'un journal politique sans que le cautionnement ait été versé ou complété, était punie d'une amende de 100 à 2,000 francs et d'un emprisonnement d'un mois à deux ans : l'introduction ou la distribution d'un journal étranger, dont la circulation n'avait pas été autorisée, était punie d'un emprisonnement d'un mois à un an.

Ces infractions étaient rangées dans la catégorie des contraventions, parce que, disait-on, le fait matériel dominait et que la question d'intention n'était pas discutable.

On s'est demandé si l'article 463 était applicable aux contraventions de cette nature, lors de la rédaction de la loi du 11 mai 1868, relative à la presse. Le décret du 11 août 1848, article 8, déclarait l'article 463 applicable aux délits de la presse, et la jurisprudence avait restreint le bénéfice des circonstances atténuantes à celles des infractions qui exigeaient le concours de la matérialité du fait et de l'intention coupable.

L'article 23 de la loi du 27 juillet 1849, accordait le bénéfice de l'article 463 aux délits prévus par cette loi. Le décret de 1832 était muet sur la question de la faculté d'admission des circonstances atténuantes. Le législateur de 1868 ne se soucia pas de ratifier la distinction subtile consacrée par la jurisprudence entre les contraventions qui peuvent comporter la discussion de l'intention coupable et celles qui ne le peuvent pas : « Dans l'économie « générale de nos lois, dit le rapporteur de la commis« sion, la contravention est une infraction exclusivement « matérielle, qui est punie des peines de simple police et « soumise à la juridiction des juges de paix. Or les con« traventions de la presse sont punies de peines correc« tionnelles, soumises à la juridiction correctionnelle ;

« enfin, pour qui veut y regarder de près, la question
« d'intention est presque toujours vivante dans cette
« nature de contravention; ce sont donc de véritables
« délits; nous avons résolu de demander l'assimilation
« des contraventions aux délits de la presse ».

Le Conseil d'État approuva ces idées; mais la rédaction qui fut adoptée souleva de nouvelles controverses :
l'article 463 était, en effet, déclaré applicable aux
« crimes, délits et contraventions commis *par la voie de*
« *la presse* », et la Cour de cassation jugea que ces
mots ne comprenaient pas les délits commis par d'autres
moyens de publication.

L'article 64 de la loi du 29 juillet 1881, actuellement
en vigueur, sur la liberté de la presse, est conçu en ces
termes : « L'article 463 du Code pénal est applicable
« dans tous les cas prévus par la présente loi ». Le législateur a évité de se servir de l'expression *délits* pour ne
pas donner lieu à l'équivoque et laisser supposer que la
loi nouvelle refusait le bénéfice des circonstances atténuantes aux infractions qui sont plutôt des contraventions matérielles que des délits intentionnels. « Nous
avons profité à cet égard, dit M. Lisbonne dans son rapport, de l'expérience du passé et avons été avertis par
les controverses qu'avaient provoquées les dispositions
antérieures et qu'avait voulu faire cesser l'article 16 de la
loi du 11 mai 1868. Comme il n'y a plus d'autre loi en
matière de crimes, de délits ou de contraventions commis
par la voie de la presse ou de la parole, que celle-ci,
l'application de l'article 463 *à tous les cas prévus* par cette
loi ne permettra plus aucune espèce de doute. »

La seconde partie de l'article 64 de la loi du 29 juillet 1881 décide que, lorsqu'il y aura lieu de faire application de l'article 463, la peine prononcée ne pourra excéder la moitié de celle édictée par la loi ; c'est une sorte de gradation que la loi a introduite dans les pénalités correctionnelles ; ce n'est point là d'ailleurs une innovation, car une disposition identique se trouvait dans l'article 23, § 2 de la loi du 27 juillet 1849 sur la presse.

Les difficultés qu'avaient soulevées les termes trop restrictifs dont les lois sur la presse s'étaient servies pour limiter la faculté d'admission des circonstances atténuantes ont amené le législateur à adopter dans des cas analogues des formules plus larges : ainsi l'art. 15 de la loi du 15 juillet 1878, relative aux mesures à prendre pour arrêter les progrès du phylloxera et du doryphora, déclare en termes généraux que l'article 463 est applicable à toutes les condamnations prononcées en vertu de la loi nouvelle.

L'article 36 de la loi du 21 juillet 1881 sur la police sanitaire des animaux, déclare les circonstances atténuantes applicables dans tous les cas prévus par la loi nouvelle.

Section III. — *De l'admission des circonstances atténuantes en matière de simple police.* — Les peines de simple police peuvent être réduites lorsque le tribunal reconnaît dans la contravention des circonstances atténuantes ; cela résulte du deuxième paragraphe ajouté par la loi du 28 avril 1832 à l'article 483 du Code pénal : « *L'article* « *463 sera applicable à toutes les contraventions ci-dessus* « *indiquées.* » Ces derniers mots ont cependant soulevé une

controverse ; on s'est demandé si la faculté d'admission des circonstances atténuantes ne s'étendait qu'aux contraventions visées par la première partie du texte de l'article, c'est-à-dire aux contraventions commises en récidive. La discussion de la loi de 1832 ne laisse aucun doute sur l'intention du législateur qui a entendu poser une règle générale et n'a placé cette disposition à la suite de l'article 483 que par une nécessité de codification. La Cour de cassation s'est rangée à cette opinion et a jugé que cette disposition « n'est ni limitative ni restrictive, « qu'elle est générale et absolue, et par conséquent « applicable à toutes les contraventions que le Code « prévoit et punit, qu'il y ait ou non récidive (1). »

(1) Cass., 1er et 6 févr. 1833, *J. de Dr. crim.*, t. 5, p. 48 et 148 ; Deville et Car., 1833, I, 319.

CHAPITRE IV

DE L'EFFET DES CIRCONSTANCES ATTÉNUANTES

La déclaration des circonstances atténuantes permet aux magistrats d'adoucir la répression en agissant sur la peine prononcée par la loi, mais elle n'opère aucun effet sur la qualification même de l'infraction ; les juges chargés de la poursuite n'ont donc nullement mission de rechercher si elles existent ou non en faveur des délinquants qu'ils traduisent devant les tribunaux, puisque les circonstances atténuantes ne sauraient avoir la moindre influence sur la compétence des diverses juridictions.

Le seul effet que produisent les circonstances atténuantes est de faire varier la quotité des peines dans des proportions qui diffèrent avec les juridictions qui en reconnaissent l'existence : de là la division naturelle de notre chapitre en trois sections consacrées à l'étude de la réduction des peines criminelles, correctionnelles et de simple police.

SECTION I. — *Réduction des peines en matière criminelle.* — Les peines criminelles appartiennent à deux ordres différents — peines politiques et peines de droit commun — dont la loi a rigoureusement évité la confusion en ne permettant pas que, par suite de l'admission des circonstances atténuantes, on passât d'une peine politique à une peine de droit commun et *vice versâ*. L'application de ce principe se trouve dans la première partie de l'article 463 qui réglemente d'ailleurs complètement notre matière.

La déclaration des circonstances atténuantes produit un double effet : elle oblige la Cour à abaisser la peine d'un degré et fait de la sorte produire à la décision du jury une conséquence nécessaire. Elle laisse en outre à la Cour la faculté de descendre d'un second degré ; c'est un droit qu'elle n'acquiert qu'en vertu de la déclaration du jury, mais dont elle demeure libre d'user ou de ne pas user.

Si l'on veut examiner dans quelle mesure les magistrats se sont associés à l'indulgence du jury, il faut ne s'attacher qu'aux affaires dans lesquelles une certaine latitude leur était laissée et négliger celles où les accusés n'étaient passibles que de la réclusion, puisque dans l'espèce la loi ne permet pas, comme nous le verrons dans la suite, de descendre la peine de plus d'un degré.

ANNÉES	PEINES ABAISSÉES (sur 100)		ANNÉES	PEINES ABAISSÉES (sur 100)	
	de un degré	de deux degrés		de un degré	de deux degrés
1833 à 1835...	32	68	1856 à 1860...	36	64
1836 à 1840...	35	65	1861 à 1865...	36	64
1841 à 1845...	34	66	1866 à 1870...	34	66
1846 à 1850...	28	72	1871 à 1875...	33	67
1851 à 1855...	37	63	1876 à 1880...	35	65

Ainsi, sauf en 1846-1850, les Cours d'assises ont

épuisé leur pouvoir d'atténuation dans les deux tiers environ des cas et ont ratifié de la sorte les verdicts du jury.

Nous allons maintenant étudier les applications à chacune des peines criminelles du principe que nous avons posé, en notant, au fur et à mesure qu'elles se présenteront, les dérogations apportées à la règle générale.

Les premiers paragraphes de l'article 463 sont ainsi conçus :

« *Si la peine prononcée par la loi est la mort, la Cour* « *appliquera la peine des travaux forcés à perpétuité ou celle* « *des travaux forcés à temps.*

« *Si la peine est celle des travaux forcés à perpétuité, la* « *Cour appliquera la peine des travaux forcés à temps, ou* « *celle de la réclusion.*

« *Si la peine est celle de la déportation dans une* « *enceinte fortifiée, la Cour appliquera celle de la déporta-* « *tion simple, ou celle de la détention ; mais, dans les cas* « *prévus par les articles 96 et 97, la peine de la déportation* « *simple sera seule appliquée.* »

Tous les premiers paragraphes ne contiennent que l'application normale du principe ; toutefois, l'abaissement ne peut être que d'un degré quand il s'agit des crimes politiques prévus et punis par les articles 96 et 97 du Code pénal.

L'origine de cette disposition se trouve dans la loi du 8 juin 1850 qui, après avoir dans son article premier remplacé la peine de mort, abolie en matière politique dans l'article 5 de la Constitution du 4 novembre 1848, par la peine de la déportation dans une enceinte fortifiée, ajoute dans son article 2 : « *En cas de déclaration de* « *circonstances atténuantes, si la peine prononcée par la loi* « *est celle de la déportation dans une enceinte fortifiée, les* « *juges appliqueront celle de la déportation simple ou celle* « *de la détention ; mais dans les cas prévus par les articles* « *86, 96 et 97 du Code pénal, la peine de la déportation* « *simple sera seule appliquée.* » La loi du 13 mai 1863 a fait passer la disposition de la loi de 1850 dans l'article 463 en supprimant la mention de l'article 86, parce que la loi du 10 juin 1853 avait rétabli la peine de mort pour le crime prévu et puni par cet article.

Il résulte donc aujourd'hui de l'article 463, § 4, que, du moment où les juges, estimant que le crime dont ils sont saisis est politique, lui appliquent la peine de la déportation dans une enceinte fortifiée au lieu de la peine de mort, l'atténuation pour cause de circonstances atténuantes s'opère, d'après le droit commun, en descendant forcément d'un degré et facultativement de deux sur l'échelle des peines politiques. Mais, par exception, si le crime politique rentre dans les prévisions des articles 96 et 97 du Code pénal, les juges, au lieu de pouvoir abaisser la peine de deux degrés, ne peuvent l'abaisser que d'un degré et doivent prononcer la peine de la déportation simple (1).

« *Si la peine est celle de la déportation, la Cour* « *appliquera la peine de la détention ou celle du bannisse-* « *ment.*

« *Si la peine est celle des travaux forcés à temps, la* « *Cour appliquera la peine de la réclusion ou les dispositions*

(1) Cass., 14 août 1873.

« *de l'article 401, sans toutefois pouvoir réduire la durée*
« *de l'emprisonnement au-dessous de deux ans.* »

Ces dispositions sont d'une clarté qui ne laisse place
à aucune controverse ; il importe néanmoins de remarquer que, lorsque la peine applicable est celle des travaux
forcés à temps, la Cour d'assises ne peut, au cas de
circonstances atténuantes, abaisser, sans excès de pouvoir,
la peine au-dessous de deux ans d'emprisonnement (1),
au lieu de un an, minimum édicté par l'article 401. Il
n'importe pas d'insister sur la sagesse de cette disposition qui, tout en faisant une large part à l'indulgence, n'a
pas permis qu'une peine aussi grave que les travaux
forcés à temps pût être convertie en une peine dérisoire.

« *Si la peine est celle de la réclusion, de la détention,*
« *du bannissement ou de la dégradation civique, la Cour*
« *appliquera les dispositions de l'article 401, sans toutefois*
« *pouvoir réduire la durée de l'emprisonnement au-dessous*
« *d'un an.* »

Ce paragraphe contient une dérogation au principe
général, puisque la peine ne pourra être abaissée que
d'un degré. La Cour d'assises ne pourrait toutefois, sans
excès de pouvoir, se borner à abaisser le maximum de
la réclusion ou de la détention. MM. Chauveau et
Faustin Hélie citent une espèce où l'accusé ayant été
déclaré coupable de vol commis la nuit et dans une
maison habitée, avec des circonstances atténuantes, les
juges avaient cru pouvoir appliquer la peine de trois ans
de réclusion. Cet arrêt a été déféré à la Cour de cassa-

(1) Cass., 12 sept. 1844, bull. n° 317.

tion : « D'une part, a dit le procureur général, la durée
« de la peine de la réclusion, aux termes de l'article 21
« du Code pénal, ne peut jamais être moindre de cinq
« années; d'autre part, lorsqu'il y a déclaration de cir-
« constances atténuantes en faveur d'un accusé, l'ar-
« ticle 463 règle la manière dont la peine doit être modi-
« fiée par le juge. Dans le cas où, comme dans l'espèce,
« il s'agit d'un crime dont la peine serait celle de la réclu-
« sion, cet article ne laisse pas au pouvoir du juge
« d'accorder seulement, en considération des circons-
« tances atténuantes, une diminution du temps de la
« réclusion, mais la loi substitue formellement à cette
« peine de la réclusion celle de l'article 401, c'est-à-dire
« de simples peines correctionnelles (1). »

« *Dans le cas où le Code prononce le maximum d'une*
« *peine afflictive, s'il existe des circonstances atténuantes, la*
« *Cour appliquera le minimum de la peine ou même la*
« *peine inférieure.* »

C'est encore là une dérogation à notre principe
général, puisqu'on compte pour un degré l'abaissement
de la peine de son maximum à son minimum (2) et
que, par suite, la peine appliquée dans ce cas sera inférieure d'un degré seulement à la peine encourue : nous
reviendrons d'ailleurs sur cette importante difficulté.

Nous venons d'étudier successivement l'effet produit
sur chaque peine criminelle principale par les circonstances atténuantes; mais la loi a parfois ajouté à titre de
châtiment de certains crimes une amende à la peine
afflictive et infamante. Le texte de l'article 463 ne s'ex-

(1) Cass., 26 déc. 1835, bull. n° 473.
(2) Cass., 6 févr. 1851, bull. n° 49.

plique pas sur l'atténuation de ces peines en quelque sorte complémentaires, et il n'est point sans intérêt de rechercher quels peuvent être à cet égard les pouvoirs de la Cour d'assises.

Aux termes de l'article 164 du Code pénal, « *il sera* « *prononcé contre les coupables des crimes de faux prévus* « *par les articles 132 à 162 du Code pénal une amende* « *dont le minimum sera de cent francs et le maximum de* « *3,000 francs ; l'amende pourra cependant être portée jus-* « *qu'au quart du bénéfice illégitime que le faux aura pro-* « *curé ou était destiné à procurer aux auteurs du crime ou* « *du délit, à leurs complices ou à ceux qui ont fait usage de* « *la pièce fausse.* »

L'admission des circonstances atténuantes n'autorise pas les juges à supprimer une peine prononcée par la loi et nous devons donc poser tout d'abord en principe que l'amende prescrite par l'article 164 doit être appliquée même en cas de circonstances atténuantes contre quiconque est déclaré coupable de faux et que l'arrêt qui aurait omis de prononcer cette amende devrait être cassé dans l'intérêt de la loi ; la Cour de cassation s'est d'ailleurs rangée à cette opinion dans un arrêt du 23 septembre 1880.

La Cour suprême a également jugé à la date du 25 septembre 1873 que la Cour d'assises doit, à peine de nullité, prononcer l'amende prescrite par l'article 164 du Code pénal, même en cas d'admission des circonstances atténuantes contre l'accusé reconnu coupable des crimes prévus par les articles 174 et suivants du Code pénal ; elle a en outre jugé que cet article 164 est applicable à peine de nullité au crime de fausse monnaie comme au faux proprement dit, de même à celui qui a fait sciemment usage de l'acte faux aussi bien qu'à son auteur (1).

Un grand nombre d'arrêts antérieurs avaient d'ailleurs décidé que cette peine accessoire de l'amende édictée par l'article 164 est *impérative* et non *facultative* pour le juge (2).

Peu importe, en outre, que le faussaire ne soit puni que de peines correctionnelles, attendu que la disposition de l'article 164 est générale; dans tous les cas, les accusés reconnus coupables de faux sont passibles d'une amende et l'abaissement de la peine jusqu'à un simple emprisonnement en vertu de l'article 463 du Code pénal n'enlève pas au fait constant le caractère de faux (3).

L'amende doit donc toujours être prononcée, sauf toutefois dans le cas où la condamnation est intervenue, non seulement pour le crime de faux, mais aussi pour un autre crime en même temps poursuivi et dont la peine a été seule appliquée comme la plus forte (4) en vertu de l'article 365 du Code d'instruction criminelle.

Les termes dans lesquels est conçu l'article 164 ne permettent pas, en outre, de réduire l'amende au-dessous de 100 francs ; la jurisprudence s'est fixée dans ce sens (5).

(1) Cass., 31 août 1837 ; — 18 juill. 1844 ; — 11 janv., 8 nov. 1849 ; — 24 sept. 1851.
(2) Cass., 6 juill. 1843 ; — 19 avril 1849 ; — 1er sept., 13 avril ; — 7 déc. 1854 ; — 18 juin 1866.
(3) Cass., 14 juin 1855 ; — 14 oct. 1856 ; — 27 déc. 1860 ; — 29 août 1861 ; — 18 déc. 1862.
(4) Cass., 7 juill. 1854 ; — 18 mai 1855 ; — 6 mars, 5 juin 1856.
(5) Dalloz, V. *Jurispr. gén.*, Faux, n°° 428, 429.

L'amende vient également s'adjoindre à une peine principale dans les cas prévus par les articles 172, 174, 177, 181, 437 et 440 du Code pénal; elle ne peut donc par l'admission des circonstances atténuantes être sup-primée par la Cour ni réduite au-dessous du minimum fixé par la loi.

Les articles 46 et 47 de la loi du 23 janvier 1874 ont accordé en termes formels, et qui ont mis fin à toute controverse à ce sujet, le droit à la Cour en matière cri-minelle de diminuer la durée et d'écarter même complè-tement la surveillance de la haute police.

Toute condamnation criminelle entraîne en outre une série de conséquences pénales qui sont inhérentes à la peine principale, font corps avec elle et sur les-quelles l'admission des circonstances atténuantes ne sau-rait produire aucun effet; ainsi l'interdiction légale, la dégradation civique, l'affichage de l'arrêt de condamna-tion doivent être prononcés par la Cour d'assises contre l'accusé reconnu coupable d'un crime puni d'une peine afflictive et infamante, quelle qu'ait été la décision du jury relativement aux circonstances atténuantes.

Section II. — *Réduction des peines correctionnelles.* — La disposition qui régit actuellement notre matière date du 28 avril 1832; la déclaration de circonstances atté-nuantes autorise les tribunaux correctionnels à réduire l'emprisonnement même au-dessous de six jours et l'amende même au-dessous de seize francs, ils peuvent donc réduire les peines au taux des peines de police; ils peuvent, lorsque la loi a réuni l'une et l'autre peine dans une même disposition, ne prononcer que l'une des deux; enfin si l'emprisonnement seul a été porté par la loi, ils peuvent substituer à cet emprisonnement une simple amende.

Ces pouvoirs ont été considérés comme trop étendus en 1863 et une rédaction nouvelle de l'article 463 a eu pour but de les restreindre; lorsque le minimum de l'emprisonnement était d'un an et le minimum de l'amende de 500 francs, les tribunaux ne purent, par suite de l'admission des circonstances atténuantes, descendre au-dessous du minimum des peines correctionnelles, ni substituer l'amende à l'emprisonnement; dans tous les autres cas les juges correctionnels conservaient leur pouvoir d'atténuation dans toute son étendue.

Le gouvernement de la Défense Nationale remit en vigueur le dernier alinéa de l'article 463 de 1832, « con-« sidérant que la loi du 13 mai 1863, dans le but d'ag-« graver au lieu d'adoucir, suivant le progrès de nos « mœurs, notre système pénal, avait restreint la liberté « accordée aux juges par l'article 463 du Code pénal de « modérer les peines dans le cas d'admission des cir-« constances atténuantes. »

Ce retour à l'ancienne législation a été approuvé dans le rapport déposé le 24 février 1872 à l'Assemblée nationale au nom de la Commission de révision des décrets du gouvernement du 4 septembre.

La règle suivie en matière criminelle ne pouvait pas s'appliquer dans des conditions identiques en matière correctionnelle puisque les peines de l'emprisonnement et de l'amende, qui seules peuvent être appliquées, ne forment pas une échelle à plusieurs degrés; elle diffère en outre du principe adopté par la loi en matière criminelle à ce point de vue que, même en constatant l'existence des circonstances atténuantes, les juges ne sont pas tenus d'abaisser la peine au-dessous de son maximum légal ; l'article 463 les *autorise* simplement à réduire l'emprisonnement et l'amende sans leur en imposer l'obligation.

La Cour de cassation s'est rangée à cette opinion en rejetant le pourvoi de Martial Félix Reys, « attendu que « dans les cas où les tribunaux correctionnels déclarent « qu'il existe des circonstances atténuantes, l'application « de l'article 463 étant facultative pour ces tribunaux, « ils peuvent ne pas réduire la peine au-dessous du « minimum de la disposition applicable au délit (1) ».

Pour bien comprendre le dernier paragraphe de l'article 463 nous supposerons trois hypothèses, suivant que la loi applique à un délit, soit l'emprisonnement, soit l'amende seule, soit ces deux peines conjointement.

I. — Si la loi punit le délit commis par l'emprisonnement, les juges peuvent, par une déclaration de circonstances atténuantes, réduire cet emprisonnement jusqu'à un jour, minimum de l'emprisonnement de simple police et même lui substituer une simple amende.

Mais dans le cas où une amende sera ainsi, par suite de la déclaration de circonstances atténuantes, substituée à la peine de l'emprisonnement seule prononcée par la loi, quelle sera la quotité de cette amende ? Dans la discussion de l'article 463 en 1832, cette question avait déjà été posée et il y avait été répondu que l'amende

(1) 15 mars 1850 ; conf. 20 févr. 1846, 15 janv. 1852.

applicable serait « celle fixée par la loi ». Cette réponse absolument vague, jointe à l'absence de toute indication dans le texte de l'article 463, devait laisser le champ ouvert aux controverses, et en effet différentes solutions de la question furent proposées. MM. Chauveau et Faustin Hélie ont soutenu que l'amende devait nécessairement être renfermée dans les limites des peines de simple police. Cette opinion paraît aujourd'hui délaissée par la majorité des auteurs. En effet, la matière est correctionnelle par sa nature, puisque le fait punissable constitue un délit et qu'il s'agit de remplacer une peine d'emprisonnement dont le minimum est supérieur à six jours. Comment admettre dès lors en l'absence d'une disposition impérative de la loi que le juge soit obligé de sortir de la sphère où il se trouve pour s'en tenir exclusivement à l'amende de simple police ?

Mais si nous posons en principe qu'une amende correctionnelle pourra être appliquée, nous ne pouvons pas cependant admettre qu'elle puisse être élevée d'une manière indéterminée, ce serait revenir au système des peines arbitraires banni de notre droit pénal contemporain. Il faut pour arriver à une solution juridique ne pas perdre de vue que le Code pénal a bien fixé le minimum de l'amende correctionnelle à 16 francs, mais n'en a fixé le maximum dans aucune disposition générale et que l'article 463 ne l'a pas fait davantage pour le cas spécial des circonstances atténuantes ; et, d'autre part, que dans l'esprit de l'article 4 du Code pénal le juge ne peut appliquer une peine que dans la mesure et la quotité fixées par la loi. De cette situation il résulte nécessairement que la seule amende correctionnelle qui, dans notre espèce, puisse être appuyée sur une base légale est celle de 16 francs, toute surélévation tombant dans un arbitraire inconciliable avec les principes du droit criminel. Aussi est-ce la solution adoptée par la Cour de cassation dans son arrêt du 10 janvier 1846, du 3 janvier 1880 et du 7 janvier 1882.

Les juges pourront donc, dans le cas qui nous occupe, prononcer une amende correctionnelle qui ne pourra être supérieure à 16 francs, et nous croyons de plus avec M. Bertauld qu'ils auront la faculté d'abaisser cette amende et de prononcer l'amende de simple police de 1 franc à 15 francs.

Cette situation crée une sérieuse difficulté aux tribunaux ; s'ils veulent épargner au prévenu la peine de l'emprisonnement ils ne peuvent lui appliquer qu'une amende de 16 francs qui peut, dans nombre de cas, n'être pas proportionnée au délit ; s'ils sont arrêtés par cette considération ils sont obligés d'appliquer une peine qui peut, à raison de sa nature, des circonstances, de la personnalité du délinquant, être également disproportionnée. Pour sortir d'embarras, ils n'ont souvent d'autre ressource que de prononcer un acquittement qui, quelquefois, est moins scandaleux que ne serait l'application d'une peine dérisoire.

Cette situation a été signalée par divers publicistes ; pour y mettre un terme, M. Bozérian vient de soumettre au Parlement une proposition de loi déterminant d'une façon générale le maximum de l'amende que les Tribunaux pourront prononcer, lorsqu'en vertu des dispositions de l'article 463 du Code pénal, ils substitueront la peine de l'amende à celle de l'emprisonnement dans le cas où cette peine de l'amende n'est pas édictée par les articles de la loi pénale qu'il y a lieu d'appliquer.

M. Bozérian propose de compléter ainsi l'article 463 : « *Si la peine de l'emprisonnement est seule prononcée par* « *l'article du Code pénal dont il est fait application,* « *l'amende, qui lui sera substituée, sera de 16 francs au* « *minimum et de 3,000 francs au maximum.* »

II. — Si la loi punit le délit d'une simple amende, le juge peut l'abaisser par une déclaration de circonstances atténuantes jusqu'au minimum de l'amende de simple police, c'est-à-dire jusqu'à un franc.

III. — Si la loi punit le délit commis à la fois de l'amende et de l'emprisonnement, le juge peut, par une déclaration de circonstances atténuantes, abaisser chacune de ces peines jusqu'au minimum des peines de simple police ; il peut même ne prononcer que l'une d'elles et abaisser encore cette peine unique jusqu'à un jour d'emprisonnement ou un franc d'amende.

Il faut remarquer que si les juges, usant de leur droit de substituer l'amende à l'emprisonnement, ne prononcent qu'une amende, ils ne peuvent l'élever au-dessus du maximum de celle dont la loi punit le délit (1). Mais les juges peuvent, malgré l'admission des circonstances atténuantes, n'abaisser que l'une des deux peines et maintenir le maximum de l'autre (2).

Remarquons, enfin, que le droit accordé aux juges de substituer une amende à l'emprisonnement n'implique

(1) Cass., 4 nov. 1854 et 14 avril 1855.
(2) Cass., 4 août 1865.

pas le droit inverse de substituer la peine de l'emprisonnement à celle de l'amende (1).

L'article 463 n'autorise l'atténuation que dans le cas
où la peine de l'emprisonnement et celle de l'amende
sont prononcées par le Code pénal; faut-il induire de là
que ces deux peines peuvent seules être l'objet d'une
atténuation? La jurisprudence a paru proscrire pendant
plusieurs années l'extension de l'article à d'autres peines
que celles qu'il prévoit textuellement, mais depuis, entraî-
née par un intérêt d'humanité, elle paraît s'être fixée
dans un sens opposé.

On s'est demandé spécialement si le juge auquel est
soumis un délit que la loi punit de la peine de la surveillance de la haute police, reconnaissant l'existence des
circonstances atténuantes, pouvait en exempter le prévenu malgré le silence que garde à cet égard l'article 463.
La négative a été jugée pendant plusieurs années pour le
cas de récidive prévu par l'article 58 du Code pénal (2).
La Cour de cassation n'a pas tardé à revenir sur cette
jurisprudence et elle a jugé : « que dans tous les cas où
« la peine de l'emprisonnement et celle de l'amende son͓
« prononcées par le Code, l'article 463 autorise les trı-
« bunaux correctionnels à réduire l'emprisonnement
« même au-dessous de six jours et l'amende même au-
« dessous de 16 francs, à ne prononcer que l'une ou
« l'autre de ces peines, même à substituer l'amende à
« l'emprisonnement; qu'il leur interdit seulement d'a-
« baisser la condamnation au-dessous des peines de

(1) Cass., 14 févr. 1856.
(2) Cass., 8 mars 1833; — Colmar, 8 sept. 1833; — Douai,
5 juin 1835.

« simple police; qu'ils peuvent dès lors se borner à
« appliquer une simple peine de police; que la surveil-
« lance de la haute police est placée par l'article 11 du
« Code pénal au rang des peines communes aux matières
« correctionnelles et criminelles et qu'elle ne fait pas
« partie des peines de police déterminées par l'ar-
« ticle 464; qu'ainsi les tribunaux qui peuvent, lorsqu'il
« y a lieu à l'atténuation des peines permise par l'ar-
« ticle 463, n'appliquer qu'une peine de simple police,
« sont par là même autorisés à supprimer la surveil-
« lance, qui est incompatible avec les peines de simple
« police (1). »

La loi de 1874, dans laquelle d'ailleurs ne se trouve
aucune disposition relative à notre matière, a évidemment tenu compte de l'état de droit résultant de la jurisprudence constante que nous venons d'indiquer. M. Renault fait remarquer, dans une étude consacrée à la loi de
1874, que dans certains cas le renvoi sous la surveillance
de la haute police est prononcé par la loi d'une manière
impérative sans que les juges aient le droit d'admettre
les circonstances atténuantes. En matière de délits, en
effet, ajoute-t-il, la théorie des circonstances atténuantes
n'a pas été généralisée comme en matière criminelle. S'il
s'agit d'un délit prévu par une loi spéciale, la peine prononcée par cette loi ne peut être atténuée à raison des
circonstances que s'il y a un renvoi exprès à l'article 463
du Code pénal et ce renvoi, bien que fréquent, n'est pas
toujours fait. Si donc la surveillance est édictée par la loi
à raison d'un délit auquel ne s'applique pas l'article 463

---

(1) Cass., 26 juin 1838; — Devill. et Cav., 1838, I, 374.

du Code pénal, elle devra donc être nécessairement prononcée par le juge. M. Renault a montré combien cette lacune de la loi de 1874 produit d'effets désastreux et cite à l'appui de ·sa thèse une espèce intéressante. Un individu, qui a déjà été condamné à plus d'une année de prison, entre du tabac étranger en fraude; ce fait est puni par la loi du 28 avril 1846 d'une amende de 500 francs et d'un emprisonnement de trois jours à un mois; la loi est muette sur les circonstances atténuantes. A raison de sa condamnation antérieure, le délinquant en question tombe sous le coup de l'article 58 du Code pénal, d'après lequel le récidiviste *doit* être condamné au maximum de la peine édictée par la loi, maximum qui peut être porté au double, et de plus être renvoyé sous la surveillance de la haute police pour une durée de cinq ans au moins et de dix ans au plus (1). Voilà donc un individu, conclut M. Renault, qui pour un délit assurément minime sera renvoyé sous la surveillance de la haute police sans que le juge puisse l'en dispenser, tandis que la dispense serait possible s'il s'agissait d'un fait passible des travaux forcés.

Les juges auxquels sont soumis les délits prévus par l'article 401 du Code pénal ont, aux termes de cet article, la faculté et non l'obligation de soumettre le prévenu à la surveillance de la haute police pour cinq ans au moins et dix ans au plus; mais lorsque les tribunaux jugent à propos d'appliquer cette peine, ils ne peuvent en changer les conditions et même, en admettant les circonstances atténuantes, ils ne peuvent dépasser

(1) Cass., 28 nov. 1868 (Dalloz, 69, 1, 260); — Cass., 28 sept. 1868 (Dalloz, 69 1 138)

le minimum fixé par la loi. La Cour de cassation a, en effet, jugé que dans ce cas les tribunaux devaient prononcer la peine de la surveillance pour une durée d'au moins cinq années (1). MM. Chauveau et Faustin Hélie (2) reconnaissent qu'on ne trouve dans la loi aucun texte qui autorise cette atténuation. Cependant, invoquant les lois des 10 avril et 24 mai 1834 qui permettent de prononcer la surveillance depuis un mois jusqu'à deux ans, ils demandent pourquoi cette peine resterait seule inflexible dans sa durée. Le législateur a sans doute pensé que la surveillance de la haute police prononcée pour un ou plusieurs mois serait une peine insignifiante et d'une exécution difficile.

Les juges correctionnels peuvent également, en vertu de l'article 463, exempter le prévenu de la peine de l'interdiction des droits civiques, civils et de famille, prononcée par l'article 42 du Code pénal, dans les cas où la loi punit certains délits de cette peine.

Les tribunaux peuvent également affranchir le condamné de l'interdiction des fonctions publiques, comme la Cour de cassation l'a jugé en rejetant le pourvoi du procureur général de Rouen : « Attendu que l'article 9, « n° 2, C. pén., a placé l'interdiction à temps de certains « droits civiques parmi les peines correctionnelles; que « l'article 463, n° 8, du même Code, autorise les tribu- « naux correctionnels, dans le cas où ils reconnaissent « des circonstances atténuantes, à réduire l'emprisonne- « ment même au-dessous de six jours et l'amende même

(1) Cass., 2 sept. 1837 ; — 2 sept. 1826 ; — 5 mars 1825 ; — 7 août 1834.
(2) *Théorie du Code pénal*, t. I, p. 227.

« au-dessous de seize francs, à prononcer séparément
« l'une ou l'autre de ces peines, etc.; que cette faculté,
« créée par le législateur, dans la revision de 1832, de
« réduire les peines correctionnelles même aux peines de
« police, emporte virtuellement et nécessairement celle
« d'affranchir le condamné, au profit duquel il existe des
« circonstances atténuantes, de l'interdiction des fonc-
« tions publiques, prononcée par l'article 171 du Code
« pénal (1)... »

Toutefois l'article 463 ne s'étend pas à toutes les
peines prononcées par le Code pénal; elle ne s'étend pas
à la confiscation spéciale, qui en général est moins une
peine qu'une mesure d'ordre destinée à retirer de la circulation les instruments du crime, du délit ou de la contravention (C. pén., art. 11, 464 et 470). L'admission
des circonstances atténuantes ne peut avoir sur elle
aucune influence et l'abaissement de la peine principale,
même au niveau des peines de police, n'est pas un motif
pour faire disparaître cette mesure accessoire. C'est aussi
dans ce sens que la Cour de cassation a résolu la question (2).

Section III. — *Réduction des peines de simple police.* —
Il résulte de la disposition de l'article 483 que dans tous
les cas, même au cas de récidive, les tribunaux de simple
police peuvent abaisser la peine jusqu'au minimum des
peines de police, c'est-à-dire un franc d'amende.

(1) Cass., 25 mars 1813, quant à l'interdiction des droits civils; —
quant à l'interdiction du droit de vote et d'éligibilité, V. Bastia, 27 avril
1837; — et quant à l'interdiction de toute fonction publique, V. Colmar,
27 août 1837; — 12 sept. 1846.
(2) Cass., 14 déc. 1832; — 27 sept. 1833; — 7 juill. 1854.

Mais l'indulgence du juge ne peut pas descendre au-dessous du minimum de ces peines, tel qu'il est fixé par l'article 466 du Code pénal (1).

A plus forte raison, le juge ne peut pas, sous le pré-texte que les circonstances lui paraissent atténuantes, renvoyer l'inculpé des poursuites (2).

Lorsque le tribunal, en considération des circons-tances qu'il déclare atténuantes, s'abstient de prononcer la peine de l'emprisonnement contre le délinquant en état de récidive, il ne peut pas, comme pour suppléer à cette peine, infliger une amende supérieure à celle qui est encourue pour la contravention qu'il punit (3).

Le tribunal de simple police ne peut même, en con-damnant des prévenus, leur laisser l'option entre l'amende et l'emprisonnement (4).

Le pouvoir dont les articles 483 et 463 du Code pénal ont investi le tribunal de simple police pour les cas où les circonstances leur paraissent atténuantes, s'étend aux jugements par défaut (5).

(1) Cass., 12 nov. 1852.
(2) Cass., 23 août 1839; — 6 nov. 1840.
(3) Cass., 11 août 1860.
(4) Cass., 2 sept. 1825.
(5) Cass., 1er déc. 1842.

CHAPITRE V

RÈGLES DE PROCÉDURE RELATIVES A LA DÉCLARATION
DES CIRCONSTANCES ATTÉNUANTES.

Les circonstances atténuantes ne font pas, en matière
criminelle, l'objet d'une question spéciale ; la loi a exigé, à
peine de nullité, que le président de la Cour d'assises
avertisse le jury qu'il lui appartient d'accorder ce bénéfice
à l'accusé, mais elle ne le provoque point. Lorsque le
jury, après avoir reçu l'avertissement de l'obligation que
la loi lui impose sur ce point, n'a pas déclaré qu'il existe
des circonstances atténuantes en faveur de l'accusé, son
silence à cet égard constitue la présomption légale qu'il
n'en a point reconnu l'existence, et la lecture de la réponse des jurés à l'accusé la rendant irrévocable, ceux-ci
ne peuvent ensuite atténuer son irréfragabilité, en allé-
guant qu'ils auraient omis d'examiner s'il existait de ces
circonstances (1).

Toutefois, la déclaration relative aux circonstances
atténuantes devrait suivre le sort de la déclaration sur le
fait principal, et si cette dernière se trouvait annulée et
devait être soumise à un nouveau jury, la première ne
pourrait continuer à subsister et tomberait avec l'autre.

(1) Cass., 26 déc. 1883.

Les circonstances atténuantes ne sont pas, en effet, des accessoires du fait principal, pouvant à la rigueur exister sans lui, mais une partie essentielle de ce fait lui-même, ne pouvant dès lors en être détachée. Ne serait-ce pas d'ailleurs gêner, violenter même la conscience du jury que de lui imposer d'avance le degré de moralité du fait ou de la personne qu'il est appelé à juger, et son pouvoir d'appréciation qui doit être souverain et libre ne deviendrait-il pas au contraire complètement illusoire, s'il se trouvait ainsi entravé dans son exercice régulier ?

L'annulation prononcée par la Cour de cassation d'un arrêt de Cour d'assises pour omission de l'avertissement prescrit par l'article 341 du Code d'instruction criminelle, laisse subsister les réponses favorables à l'accusé sur des chefs distincts et le débat ne peut s'engager devant une nouvelle Cour d'assises que sur le chef qui a motivé la condamnation, malgré le silence que pourrait garder à ce sujet l'arrêt de cassation (1).

Si les jurés reconnaissent des circonstances atténuantes ils sont dans l'obligation de le proclamer, mais aussi par cela même, quand ils n'en reconnaissent pas, ils n'ont rien à exprimer. Ce silence est tout dans l'intérêt de l'accusé, à l'égard duquel le verdict serait plus sévère s'il excluait en termes explicites les circonstances atténuantes. La position écrite d'une question serait donc une infraction qui vicierait la déclaration, si elle était relevée par le ministère public ; mais sur le seul pourvoi de l'accusé elle ne peut entraîner qu'une annulation dans l'intérêt

(1) Cass., 5 août 1833.

de la loi, puisqu'il ne peut en résulter à son égard aucun préjudice (1).

Lorsque la culpabilité de l'accusé a été reconnue, le chef du jury doit poser verbalement aux jurés la question de savoir s'ils sont d'avis d'admettre le bénéfice des circonstances atténuantes; lors de la discussion de la loi du 14 mai 1836 relative au vote du jury, le gouvernement avait proposé que le jury ne fût appelé à délibérer sur les circonstances atténuantes qu'autant que la demande en aurait été faite par un ou plusieurs jurés; cette restriction n'a pas été approuvée par la commission; elle a considéré qu'un juré, convaincu qu'il existe des circonstances atténuantes, pourrait omettre de demander que la question en fût soumise au vote de ses collègues, ou craindre, en le réclamant, de trahir sa pensée intime; c'est pour prévenir ces graves inconvénients que la loi a prescrit au chef du jury de poser la question des circonstances atténuantes toutes les fois que la culpabilité de l'accusé aurait été reconnue.

La loi du 9 septembre 1835, rectificative de plusieurs dispositions du Code d'instruction criminelle et de l'article 17 du Code pénal a modifié le chiffre de la majorité nécessaire pour que le jury puisse valablement déclarer des circonstances atténuantes. La loi du 28 avril 1832 voulait que l'accusé ne pût être condamné qu'autant que le verdict du jury aurait été rendu à la majorité *de plus de sept voix* et, par voie de conséquence, elle exigeait la même majorité pour la déclaration des circonstances atténuantes. Mais la loi de 1835, dans le but d'augmenter

(1) Cass., 17 avril 1832.

l'énergie de la répression pénale, disposa que les verdicts de culpabilité pourraient être rendus à la simple majorité, c'est-à-dire par sept voix contre cinq. Les circonstances atténuantes, se liant nécessairement au fait principal, la loi de 1835 leur a appliqué le même principe; aussi a-t-elle substitué aux mots « majorité de plus de sept voix » introduits dans l'article 341 par la loi de 1832, celui de « majorité » sans autre addition.

On doit à la loi de 1835 une autre innovation; aux termes de l'article 345 du Code d'instruction criminelle, lorsque les jurés étaient réunis pour délibérer, le chef du jury devait les interroger successivement et individuelle-ment d'après les questions posées par la Cour et notam-ment sur l'existence des circonstances atténuantes, si la majorité avait déclaré la culpabilité. Chaque juré devait répondre en employant une formule déterminée par la loi et le vote se formait par la réunion des réponses. La loi du 9 septembre 1835 a disposé qu'à l'avenir le jury voterait *au scrutin secret* : cette règle est devenue un pa-ragraphe nouveau de l'article 541 et l'article 345 a été modifié en ce sens.

La loi a consacré ce principe afin de laisser aux jurés toute leur indépendance, afin qu'aucune crainte ne vînt s'opposer à la libre manifestation de leur conviction intime. Ce n'est point à dire que la délibération par la-quelle les jurés doivent chercher à s'éclairer mutuelle-ment soit supprimée ; le rapporteur de la loi du 9 sep-tembre 1835, relative au vote du jury, s'exprimait en ces termes à ce sujet : « La délibération antérieure au vote « est quelquefois inutile ; mais dans bien des cas elle « est indispensable ; elle peut éclairer, elle fait ressortir

« des preuves à charge ou à décharge, elle résout des
« doutes et tranquillise la conscience des jurés... Les
« jurés sont donc bien avertis de leurs droits; ils peuvent
« délibérer, et ce n'est qu'après leur délibération que,
« suivant l'article 345 modifié par le projet, ils sont ap-
« pelés à voter secrètement. »

« Quant au reproche d'encourager la faiblesse,
« adressé au système du secret du vote, sans doute il
« serait à souhaiter, ajoutait le rapporteur, que chaque
« citoyen appelé à exercer les fonctions de juré fût inac-
« cessible à tout sentiment de crainte; mais l'expérience
« prouve qu'il n'en est pas ainsi, et lorsque en effet le
« jury se compose d'hommes faibles, faut-il supposer
« qu'il ne se trouve dans son sein que des caractères
« pleins de fermeté? Faut-il laisser subsister le vote
« public qui ne conduit pas à la vérité au lieu de recourir
« au vote secret qui permet à chacun d'exprimer ce qui
« est dans sa conviction? La question ainsi posée est
« résolue. »

Elle l'était, en effet.

Si le verdict du jury constate que des circonstances
atténuantes ont été accordées à l'accusé, mais sans faire
mention que cette déclaration a eu lieu à la majorité,
cette omission constitue une infraction aux dispositions
formelles de la loi et il y a lieu de ce chef de casser l'arrêt
intervenu, mais dans l'intérêt de la loi seulement. C'est
ce qu'a décidé la Cour de cassation, notamment par un
arrêt du 19 décembre 1878, qui a rejeté le pourvoi du
condamné et, statuant sur les réquisitions du procureur
général, a annulé l'arrêt dans l'intérêt de la loi.

Mais si le verdict doit mentionner que les circonstances atténuantes ont été accordées à la majorité, il ne peut exprimer le nombre de voix auquel cette décision a été acquise. Ainsi, lorsque le verdict porte que les circonstances atténuantes ont été admises à l'unanimité, la Cour doit renvoyer le jury dans la chambre des délibérations (1).

Une règle essentielle en cette matière a été posée par l'article 1er de la loi du 13 mai 1836, aux termes duquel le jury doit voter par scrutins distincts et successifs, non seulement sur le fait principal, mais sur chacune des circonstances aggravantes ou chacun des faits d'excuse légale, mais encore sur la question des circonstances atténuantes que le chef du jury est tenu de poser chaque fois que la culpabilité d'un accusé aura été reconnue.

Un arrêt de la Cour de cassation du 12 août 1880 a en effet jugé que la déclaration unique et collective se référant à plusieurs accusés, même en les désignant nommément, est viciée de nullité parce que cette déclaration unique et commune aux accusés, ne fournit pas la preuve certaine et légale que les prescriptions des articles 1 et 3 de la loi du 13 mai 1836 ont été observées par le jury. Ainsi, lorsqu'il y a plusieurs accusés et que le jury veut admettre des circonstances atténuantes en faveur de chacun d'eux, il doit faire autant de déclarations qu'il y a d'accusés pour que ceux-ci puissent jouir effectivement de l'atténuation de peine dont il a voulu leur accorder le bénéfice (2). Mais les accusés sont sans intérêt et partant sans droit à se prévaloir comme moyen de cassation de l'irrégularité d'une déclaration collective dont ils ont

(1) Cass., 29 nov. 1877 ; — 20 janv. 1832.
(2) Cass., 3 août ; 14 oct. 1848 ; — 31 janv. 1850 ; — 5 mai 1855.

profité chacun individuellement (1). L'annulation doit
être dans tous ces cas prononcée dans l'intérêt de la loi,
sur le pourvoi du procureur général près la Cour de
cassation, auquel il appartient de relever dans l'intérêt de
la loi toutes les nullités dont peuvent être entachés les
arrêts de justice. C'est ce qu'a décidé l'arrêt précité de la
Cour de cassation du 12 août 1880, qui par ces motifs a
annulé, mais dans l'intérêt de la loi seulement, la déclaration du jury en ce qui concerne les circonstances atténuantes et la partie de l'arrêt qui en fait l'application,
en déclarant qu'il n'y avait lieu à renvoi.

Les circonstances atténuantes constituent un bénéfice
personnel à celui en faveur duquel elles ont été déclarées ;
elles peuvent être accordées à l'auteur principal et refusées au complice, et réciproquement (2). Alors même
que le jury aurait déclaré des circonstances atténuantes
en faveur de l'accusé principal et du complice, celui-ci
pourrait encore être condamné à une peine plus forte
que celui-là (3). Par exemple la Cour d'assises peut descendre la peine d'un seul degré à l'égard du complice et
de deux degrés relativement à l'auteur principal (4).

Lorsque l'accusation comprend plusieurs chefs, les
jurés peuvent s'expliquer sur les circonstances atténuantes
ou par une déclaration collective sur l'ensemble de ces
divers chefs d'accusation ou par des déclarations successives et distinctes sur chacun des faits. S'ils emploient ce

(1) Cass., 2 mai 1840 ; — 5 janv. 1854 ; — 8 mai 1864 ; — 28 sept.
1865.
(2) *Jurispr. gén.*, v° Complice, 15, 20 et 22.
(3) Cass., 19 sept. 1839 ; — *Jurispr. gén.*, v° Complice, 22²⁾ et III.
(4) Cass., 26 mai 1838.

dernier procédé l'atténuation de peine ne s'applique qu'aux faits à raison desquels les circonstances atténuantes ont été admises (1). La Cour de cassation a décidé en effet que lorsque le jury reconnaît l'existence de circonstances atténuantes à l'égard d'un seul des chefs d'accusation dirigés contre un accusé, sa déclaration est valable comme étant complète en ce sens qu'en s'appliquant d'une manière expresse à un chef déterminé, le jury décide implicitement qu'il n'a pas eu l'intention de l'étendre aux autres ; et comme étant légale, car s'il est vrai que dans le cas où un chef d'accusation est déféré au jury l'admission des circonstances atténuantes ne peut être de sa part que le résultat de l'appréciation des débats dans leur ensemble, cette appréciation doit avoir le même caractère en ce qui concerne spécialement les débats auxquels il a été procédé sur chacun des chefs dont se compose une accusation multiple ; que la réunion de ces chefs dans un même arrêt de renvoi ne saurait faire obstacle à ce que le jury exerce à l'égard de chacun d'eux le droit que lui attribue la loi, et cela quand même sa déclaration limitée à un chef unique ne serait pas de nature à produire d'effets, le jury n'ayant pas à se préoccuper des conséquences pénales de sa décision.

En matière correctionnelle et de simple police, les juges se bornent à spécifier dans le jugement qu'il existe des circonstances atténuantes quand ils en veulent faire bénéficier le prévenu.

(1) Cass., 17 sept. 1835 ; — 16 août 1839 ; — 30 déc. 1841 ; — 8 juin 1843 ; — 22 févr. 1846.

CHAPITRE VI

Réponses du jury le rendant incompétent pour statuer sur les circonstances atténuantes

Lorsque, par suite de la déclaration du jury écartant les circonstances aggravantes, le fait incriminé ne constitue plus qu'un simple délit, il appartient à la Cour d'assises seule et non pas au jury de prononcer sur l'admission des circonstances atténuantes. Ce principe déjà bien établi par une jurisprudence unanime, a été récemment encore consacré par un arrêt de la Cour de cassation du 23 décembre 1880. Cette solution est rationnelle et conforme à l'esprit de l'article 341 du Code d'instruction criminelle, car on n'est plus véritablement en matière criminelle, comme l'exige cet article, quand le fait soumis au jury comme constituant un crime dégénère en un simple délit, soit par suite de ses réponses négatives sur les circonstances aggravantes, soit parce qu'il a répondu affirmativement sur une question subsidiaire seulement. Alors, comme il ne s'agit plus en réalité que de la répression d'un simple délit punissable de peines correctionnelles, ce sont les magistrats eux-mêmes et non les jurés qui statuent sur l'admission des circonstances atténuantes de même que les juges eussent statué sur ces circonstances si le délit avait été porté directement devant la juridiction correctionnelle.

D'ailleurs il ressort des termes du dernier paragraphe de l'article 463, que dans tous les cas où les peines prononcées par la loi sont celles de l'emprisonnement et de l'amende, c'est aux tribunaux seuls qu'il appartient facultativement de les réduire.

Il résulte encore de là que, dans ce cas, la Cour d'assises, seule compétente pour statuer sur les circonstances atténuantes peut, dans l'application de la peine, ne pas tenir compte de la réponse du jury à cet égard, s'il en avait exprimé une (1). En effet, d'après la combinaison de l'article 341 du Code d'instruction criminelle avec les six premiers paragraphes de l'article 463, la déclaration du jury, affirmative sur les circonstances atténuantes, n'oblige la Cour d'assises à prononcer une atténuation de peine qu'autant que le fait déclaré constant par le jury est de nature à entraîner des peines afflictives et infamantes; et dans l'hypothèse où le fait soumis au jury a été par lui dépouillé des circonstances aggravantes qui le rendaient passible des peines afflictives et infamantes et n'a plus constitué qu'un simple délit, la réponse du jury, affirmative de l'existence des circonstances atténuantes, ne peut lier la Cour d'assises ni exercer une influence légale sur sa décision.

Si, par suite de la déclaration du jury, le fait incrimté dégénère en simple délit et si le jury a cependant déclaré qu'il existait des circonstances atténuantes, la Cour d'assises doit, dans le cas où elle voudrait en ac-

(1) Cass., 20 juin 1867.

corder à son tour, déclarer en son propre nom, et non pas en visant le verdict, qu'elles existent effectivement (1).

En est-il de même lorsque le crime est déclaré excusable et que, par suite, il n'entraîne plus qu'une peine correctionnelle ? Il faut distinguer : oui, si l'excuse transforme le fait et convertit le crime en un simple délit, comme s'il s'agit d'un meurtre ou de coups et blessures excusables pour lesquels la peine de l'emprisonnement est seule édictée par l'article 326 ; alors le jury n'aura plus qualité pour déclarer les circonstances atténuantes, et la déclaration qu'il aura faite à cet égard serait réputée non avenue, puisque c'est à la Cour d'assises qu'il appartient exclusivement de reconnaître l'existence des circonstances atténuantes, comme la Cour de cassation l'a jugé par un arrêt du 20 juin 1867.

Mais si l'excuse laisse au fait son caractère de crime et n'a pour résultat que de tempérer la peine, nous croyons que les jurés conservent le droit de se prononcer sur les circonstances atténuantes (2). Ainsi la Cour de cassation n'a jamais contesté au jury qui avait déclaré coupable l'accusé mineur de seize ans, le pouvoir de les reconnaître (3).

(1) Cass., 30 déc. 1881.
(2) Blanche, t. VI, p. 719.
(3) Cass., 19 sept. 1839 ; — 6 juin 1840 ; — 26 févr. ; 9 juill. 1841 ; — 27 mai 1852 ; — 24 mai 1843, — 10 août 1866.

CHAPITRE VII

CONCOURS DES CIRCONSTANCES ATTÉNUANTES AVEC DES CAUSES D'ATTÉNUATION OU D'AGGRAVATION DES PEINES

SECTION I. — *Concours des circonstances atténuantes et des excuses.* — Souvent il arrive que les jurés, vivement frappés par des circonstances particulières dans lesquelles l'accusé a agi, hésitent néanmoins à l'acquitter, mais ne se décident à le déclarer coupable qu'en se réservant, non seulement d'admettre l'excuse proposée, mais encore d'accorder le bénéfice des circonstances atténuantes pour abaisser la peine dans la plus grande proportion possible.

Comment doit-on alors combiner ces deux causes d'atténuation ? Prenons pour exemple le cas le plus fréquent, celui d'un meurtre commis avec l'excuse de provocation.

Un fait de meurtre reconnu excusable ne constitue plus en réalité l'homicide volontaire prévu et puni par l'article 304, *in fine*, des travaux forcés à perpétuité, mais un crime excusable, qui consiste dans deux circonstances devenues indivisibles; le meurtre et l'excuse ne forment plus ensemble que le meurtre excusable dont les éléments ne peuvent être scindés pour autoriser une première modification de la peine du crime de meurtre pur et simple, en vertu de l'article 463, et soumettre ensuite

ce crime devenu passible de la peine des travaux forcés à
temps ou de la réclusion à une seconde atténuation qui
procéderait de l'excuse en vertu de l'article 326. Il faut,
au contraire, déterminer d'abord la peine du meurtre
excusable déclaré par le jury, d'après l'article 326, et
appliquer ensuite la disposition de l'article 463 (1).

En effet, si le bénéfice des circonstances atténuantes
est de faire réduire les peines encourues pour un fait
qualifié crime ou délit, cette règle ne doit s'entendre que
de l'application des peines et ne saurait exercer aucune
influence sur le caractère et la nature du fait lui-même,
tel que le juge l'a reconnu à la charge de l'accusé.

C'est ici qu'il faut particulièrement remarquer que le
crime dont le jury n'a admis l'existence qu'en le déclarant excusable, n'étant plus passible, suivant l'article
326, que de peines correctionnelles, il y a lieu d'appliquer la règle que le jury, lorsque ses réponses réduisent
le fait incriminé aux proportions d'un délit, cesse d'être
compétent pour statuer sur les circonstances atténuantes
et que s'il a fait une déclaration à ce sujet, elle ne
saurait lier la Cour et influer sur l'application de la
peine.

Si le jury a reconnu les circonstances atténuantes en
faveur d'un mineur de seize ans, reconnu coupable et
déclaré avoir agi avec discernement, celui-ci doit jouir
de la double atténuation prescrite par les articles 67 et
463 du Code pénal. Pour régler les effets de cette atténuation, la Cour doit d'abord fixer la peine eu égard à
tous les éléments de la déclaration du jury et tenir compte

(1) Cass, 20 juin 1867

ensuite de la minorité de seize ans pour la modifier suivant l'article 67 (1).

En effet, ce mode de procéder, qui s'accorde avec les
règles relatives à l'application de l'article 463, soit que
l'on considère ses conséquences, soit que l'on considère
l'aspect de la loi, s'appuie d'ailleurs sur le texte même
de l'article 67, lequel pose pour base de l'atténuation de
peine dérivant de la minorité de l'accusé qui agit avec
discernement, la peine encourue par lui indépendamment
de sa qualité de mineur, de même qu'il se concilie avec
les termes de l'article 69 qui mesure la peine applicable
au mineur sur « celle à laquelle il aurait pu être con-
« damné s'il avait eu seize ans. » Ces dispositions indiquent d'abord le pouvoir accordé aux juges d'admettre
en faveur de l'accusé ou du prévenu âgé de moins de
seize ans, des circonstances atténuantes indépendamment
de l'excuse résultant du jeune âge. Elles établissent en
outre, du moins virtuellement, dans quel ordre doit agir
la double atténuation résultant de la déclaration du jury
et de l'excuse de la minorité.

Des auteurs, contrairement à cette jurisprudence de la
Cour de cassation, n'admettent pas que dans le calcul
de la peine l'effet des circonstances atténuantes précède
l'excuse de minorité (2). La conséquence que l'on tire de
cette opinion, c'est que, contrairement à l'avis que nous
avons adopté, les circonstances atténuantes ne peuvent
être déclarées au profit du mineur de seize ans que par
la Cour seule, et non par le jury, puisque la déclaration

(1) Cass., 9 juin 1840; — 27 mai 1852; — 24 mars 1853; —
10 août 1866.
(2) Blanche, t. VI, p. 691; — Bertauld, p. 417.

de culpabilité ne fera encourir, aux termes de l'article 67, qu'une peine correctionnelle.

SECTION II. — *Concours de circonstances atténuantes et de causes d'aggravation des peines.* — Il peut se rencontrer à la fois dans un même crime ou un même délit des causes d'adoucissement des peines résultant d'excuses ou de circonstances atténuantes et des causes d'aggravation résultant des caractères particuliers de l'infraction ou de la qualité du prévenu (fonctionnaire, article 198, C. pr.). Le principe est qu'il faut tenir compte de chacune des circonstances qui ont précédé ou accompagné l'infraction, en lui conservant son caractère atténuant ou aggravant, sans que l'une soit exclusive de l'autre. Mais dans quel ordre le juge doit-il combiner ces éléments contradictoires, pour prononcer la peine? La règle à suivre dans l'application des peines est que le juge détermine d'abord la peine légale qui frappe l'infraction, en ayant égard aux éléments constitutifs et aux circonstances aggravantes, puis il la réduit en faisant bénéficier le délinquant des excuses ou des circonstances atténuantes que celui-ci peut invoquer.

Le législateur a formellement décidé dans les articles 463 et 483 du Code pénal et dans l'article 341 du Code d'instruction criminelle, que le bénéfice des circonstances atténuantes pourrait être appliqué « même en cas « de récidive ». Mais lorsqu'un récidiviste obtient des circonstances atténuantes, les juges doivent-ils aggraver la peine pour cause de récidive avant de l'atténuer, ou au contraire l'atténuer avant de l'aggraver ?

La question a un grand intérêt, car la peine prononcée

est bien différente, suivant que la Cour chargée d'appliquer la peine, en conséquence du verdict qui a accordé des circonstances atténuantes, commencera par l'une ou par l'autre de ces deux opérations. Supposons un individu déjà condamné à une peine criminelle et qui commet un second crime de nature à entraîner les travaux forcés à temps : une première méthode consiste à aggraver d'abord la peine à raison de la récidive, ce qui a pour résultat de la faire monter au maximum, c'est-à-dire à vingt ans; puis sur cette peine aggravée on opère l'atténuation motivée par l'admission du bénéfice de l'article 463 : ce qui la fait descendre à cinq ans. La seconde méthode commence par opérer l'abaissement, ce qui a pour effet de changer les travaux forcés en réclusion; elle relève ensuite la pénalité à raison de la récidive, ce qui fait remonter aux travaux forcés; mais là les juges ont toute latitude et peuvent prononcer le maximum. On voit que le résultat obtenu en suivant l'un ou l'autre de ces deux procédés est bien différent; lequel est légal ?

La jurisprudence de la Cour de cassation paraît fixée en ce sens que, dans le calcul de la peine, l'aggravation pour cause de récidive doit précéder l'atténuation pour cause de circonstances atténuantes; cette jurisprudence n'a été définitive qu'après bien des hésitations, quoiqu'elle nous paraisse entièrement conforme aux textes des articles précités et aux principes du droit.

En effet, aux termes de l'article 463, les modifications apportées à la condamnation par les circonstances atténuantes s'appliquent *aux peines prononcées par la loi,* et la peine prononcée par la loi et qu'il s'agit d'atténuer est celle qu'emporte le fait reconnu constant, aggravé par l'état de récidive, qui est une circonstance influant sur la culpabilité pénale. C'est bien ainsi que le législateur l'a entendu ; les circonstances atténuantes ont été destinées à corriger par une appréciation de conscience les imperfections de la loi, notamment en matière de récidive ; elles ne doivent donc opérer qu'après que la pénalité a été fixée d'une manière abstraite et légale ; leur effet doit se produire en dernier lieu.

La Cour de cassation s'est rangée définitivement à cette opinion dans un arrêt du 24 juin 1867, et depuis elle n'a plus varié dans sa jurisprudence.

On a objecté que la récidive n'est pas une cause d'aggravation de la peine prise dans les faits mêmes du délit, qu'elle est motivée par les antécédents judiciaires du condamné et qu'il semble qu'avant d'aggraver la peine pour cause de récidive les juges doivent la juger telle qu'elle résulte des faits principaux et accessoires du délit et par conséquent des circonstances qui s'y rattachent, pour l'aggraver ou l'atténuer. Mais ce sont là des considérations vagues qui n'ont aucun fondement juridique ; la récidive est une circonstance générale qui plane sur toute la vie du condamné ; les circonstances atténuantes sont spéciales au fait incriminé et ne doivent produire leur effet que lorsque la peine a été déterminée conformément à la loi et *in abstracto*.

CHAPITRE VIII

DE L'ADMISSION DES CIRCONSTANCES ATTÉNUANTES PAR DES JURIDICTIONS EXTRAORDINAIRES

Aux termes des articles 9 de la loi du 24 février et 12 de la loi du 16 juillet 1875, le Sénat peut être constitué en haute Cour de justice : 1° pour juger le Président de la République ; 2° pour juger les ministres à raison des crimes commis dans l'exercice de leurs fonctions ; et 3° pour juger toute personne prévenue d'attentat commis contre la sûreté de l'État. Le Sénat est saisi dans les deux premiers cas, par la mise en accusation que peut seule prononcer la Chambre des députés, dans le troisième cas par un décret présidentiel rendu en conseil des ministres.

Toutes les constitutions monarchiques ou républicaines ont reconnu, comme celle de 1875, la nécessité de constituer une juridiction plus élevée investie d'une double compétence *ratione personæ* et *ratione materiæ*. Mais le législateur avait le choix entre deux systèmes : celui des hautes Cours de justice composées sur le modèle des Cours d'assises de magistrats appartenant à la Cour de cassation et de hauts jurés pris par la voie du sort dans tous les conseils généraux, système qui était organisé par les Constitutions de 1791, de l'an III, de l'an VIII, de 1848 et de 1852.

Un autre système était celui des Chartes de 1814 et de 1830, qui donnait à la Chambre des pairs cette haute attribution judiciaire, c'est celui que la Constitution actuelle a choisi.

Une loi doit déterminer le mode de procéder pour l'accusation, l'instruction et le jugement devant le Sénat ; cette loi n'étant pas encore votée, c'est à la jurisprudence suivie sous l'empire des Chartes qu'il faudrait se reporter ; et les lois promises par la Charte de 1830 pour définir l'étendue de la compétence de la Chambre des pairs n'ayant pas été faites, cette juridiction a été considérée comme omnipotente pour qualifier les faits qui lui ont été déférés et modérer, s'il y avait lieu, l'application des peines. Elle a usé à plusieurs reprises de cette faculté (1).

Il faudrait donc également reconnaître au Sénat le droit de faire application des circonstances atténuantes et de graduer les peines.

Les juridictions administratives ne peuvent, lorsqu'elles condamnent les contrevenants aux amendes prévues par les lois spéciales, leur faire application directe de l'article 463 du Code pénal, qui est étranger à ces matières. Néanmoins, en matière de voirie, ces juridictions peuvent dans certains cas modérer ces peines en usant d'un pouvoir analogue à celui résultant de l'article 463 en faveur des tribunaux et que leur confère aujourd'hui formellement la loi du 28 mars 1842 ; l'article premier de cette loi sur la police de la grande voirie est

---

(1) V. Cour des pairs, 24 mars 1821, Magian.

ainsi conçu : « *A dater de la promulgation de la présente loi,*
« *les amendes fixes établies par les règlements de grande*
« *voirie antérieurs à la loi du 19-22 juillet 1791 pourront*
« *être modérées, eu égard au degré d'importance et aux cir-*
« *constances atténuantes des délits, jusqu'au vingtième desdites*
« *amendes, sans toutefois que ce minimum puisse descendre*
« *au-dessous de 16 francs : à dater de la même époque, les*
« *amendes dont le taux, d'après ces règlements, était laissé*
« *à l'arbitraire du juge, pourront varier entre un minimum*
« *de 16 francs et un maximum de 300 francs.* » Ce n'est
donc pas, à proprement parler, un système de circonstances atténuantes qu'a organisé cette loi en matière de
voirie, puisqu'elle n'a laissé aux juridictions administratives que la faculté de se mouvoir entre un maximum et
un minimum ; elle a remplacé l'arbitraire des peines de la
législation antérieure par la fixation d'un minimum.

Étude de Législation comparée

SUR LES

CIRCONSTANCES ATTÉNUANTES

———————

Dans une première partie nous étudierons sommairement les législations qui ne reconnaissent pas le système des circonstances atténuantes.

La deuxième partie sera consacrée à l'étude des législations dans lesquelles ce système fonctionne ; elle sera subdivisée en deux chapitres comprenant : l'un, les législations qui laissent aux magistrats le soin de déclarer les circonstances atténuantes ; l'autre, les législations qui en reconnaissent le droit au jury.

———————

PREMIÈRE PARTIE

—

ANGLETERRE

Le système des circonstances atténuantes n'existe pas en Angleterre. Tandis que la loi, en France, décompose les éléments de la plupart des crimes et soumet au jury une série de questions de fait, elle ne morcelle pas, en Angleterre, la criminalité, mais la présente dans son indivisibilité logique à l'esprit des jurés ; ceux-ci sont appelés ainsi à se prononcer uniquement sur la culpabilité de l'accusé et leur verdict ne peut se traduire que sous cette forme absolue : « Guilty or Not guilty ». — Ce système permet d'éviter les difficultés nombreuses que soulève le problème de la position des questions et les dangers de leur complexité ; mais dans sa rigueur il présente de graves inconvénients ; car, mettant le jury dans la nécessité d'absoudre ou de condamner, il ne lui permet pas de proportionner le châtiment à la faute et provoque, suivant que les jurés seront plus soucieux d'assurer une répression vigoureuse ou de faire preuve d'humanité, des condamnations excessives ou des acquittements imprévus.

Toutefois, si les faits servant de base à l'acte d'accusation, et que le jury considère comme établis, lui parais-

sent constituer un crime moindre que celui qui est arti-
culé dans l' « indictment », il a le pouvoir de déclarer
l'accusé coupable de ce crime moindre, en prononçant
en même temps un verdict de non culpabilité à raison
du crime plus grave; il suffit pour cela que les faits sur
lesquels est fondé le verdict de culpabilité soient virtuellement compris dans l'accusation et que le débat ait porté
sur eux; ce pouvoir ne s'est développé qu'insensiblement
et les premières applications en ont été faites en matière
d'assassinat; la répugnance des jurés à appliquer en ce
cas la peine de mort, la grande incertitude qui régnait
souvent sur le point de savoir s'il y avait assassinat ou
meurtre, amenaient les jurés à préférer dans le doute
l'incrimination moindre; un statut de Georges IV (1)
reconnut le droit des jurés, dans les accusations de coups
et blessures graves avec préméditation et guet-apens
(felony), de déclarer simplement l'accusé coupable de
violences ordinaires (assault). Un publiciste anglais a
reconnu que les jurés peuvent trouver ainsi le moyen
d'éluder leur obligation de réprimer le crime grave qui
serait pleinement établi à la charge de l'accusé; celui-ci
subira, il est vrai, une peine moindre que celle qu'il
aurait encourue à raison du crime réellement commis,
mais du moins un châtiment rigoureux encore et suffisamment répressif sera prononcé, et leur verdict, sans constituer un acte de faiblesse, aura dépouillé de la sorte le
caractère d'iniquité qu'il aurait pu revêtir dans certains cas.

Cette extension de la compétence du jury anglais n'a
pas été admise en Écosse (2), on y maintient le principe

(1) Statut 9. Georges IV, cap. 31, sect. 14.
(2) Hume, *Comment.*, t. II, p. 449.

rigoureux que le jury doit se prononcer uniquement sur
l'accusation portée devant lui. Dans un seul cas, la pratique judiciaire lui a permis de s'écarter du principe ;
l'accusation portant sur un assassinat, le verdict peut
être rendu à raison d'un homicide par imprudence.

D'autre part, si les jurés, en Angleterre et en Écosse,
ne sont pas appelés à reconaître en faveur de l'accusé
l'existence des circonstances atténuantes, ils peuvent
manifester leur désir de voir les juges faire preuve d'indulgence à l'égard de l'accusé en le recommandant à leur
grâce (mercy). En Écosse une semblable déclaration est
conçue en ces termes « recommended to the leniency of
the Court » : on y ajoute parfois des motifs qui rendent
la recommandation plus pressante : ces considérations
sont souvent empruntées à une cause générale et non
tirées de la nature de l'affaire en particulier.

Les jurés entendent donc par ce moyen déclarer, eux
aussi qu'il y a dans la cause des circonstances atténuantes,
mais le juge anglais n'est pas tenu d'avoir égard à cette
déclaration et il peut nonobstant appliquer la peine dans
toute sa rigueur ; toutefois les juges font souvent droit
au vœu exprimé par le jury et analysent en détail les
motifs sur lesquels s'appuie cette recommandation.
Lorsqu'une peine rigoureuse leur paraît devoir être appliquée, tandis que le jury estime qu'il y a lieu à l'indulgence, les magistrats demandent au chef du jury sur
quels motifs se fonde la recommandation ; une discussion
qui s'engage sur ce point amène souvent à reconnaître
que les jurés n'ont eu recours à ce procédé d'atténuation
de leur verdict qu'à raison de l'insuffisance des charges
ou des preuves.

Le juge doit se conformer au verdict du jury, bien qu'il puisse ne point l'approuver; il n'est enchaîné dans l'application de la peine par aucun minimum légal; il peut appliquer dans les affaires les plus graves une peine qui varie depuis le degré le plus infime (un jour d'emprisonnement) jusqu'à la déportation à vie. Les magistrats ont en outre le droit de recommander le condamné à la grâce du souverain.

Conclusions :

La législation anglaise n'a donc pas organisé, à l'exemple de la nôtre, un système des circonstances atténuantes, mais elle garantit néanmoins également l'intérêt de l'accusé et celui de la société, en donnant au jury le droit : 1º de modifier l'incrimination portée contre l'accusé; 2º de le recommander à la clémence des juges et enfin en reconnaissant aux magistrats un large pouvoir d'appréciation dans l'application de la peine.

TURQUIE

Il n'existe pas de circonstances atténuantes en Turquie. Les juges se meuvent entre le maximum et le minimum.

GRÈCE

Les circonstances atténuantes ne sont admises en Grèce que dans un cas prévu par l'article 2 de la loi du 27 juin 1850. « La peine de la réclusion, dont sont « frappés ceux qui sont coupables d'outrages envers la « personne du roi ou de la reine, est convertie en un « simple emprisonnement, si les jurés dans leur verdict « déclarent qu'il y a circonstances atténuantes. »

DEUXIÈME PARTIE

—

CHAPITRE PREMIER

Belgique

Immédiatement après la séparation de la France et de la Belgique, le prince souverain des Provinces-Unies s'empressa de modifier la rigueur excessive du Code français de 1810, en publiant des arrêtés — lois de 1814 et 1815, qui furent à juste titre appelés « bienfaisants »; refondus dans la loi du 15 mai 1849, ils ne constituaient pas encore une théorie complète des circonstances atténuantes, — qui ne fut élaborée que dans le Code pénal belge actuellement en vigueur.

Comme en France, les circonstances atténuantes ne sont pas, d'après la loi belge, strictement déterminées, mais laissées à l'appréciation arbitraire du juge qui les recherche, soit dans les faits de chaque cause, soit dans la personne et le passé de l'accusé. Le Code pénal belge en autorise l'application en toutes matières.

Quant à la nature des circonstances atténuantes donc, similitude complète entre les deux législations; c'est dans leur fonctionnement et leur mode d'application que la loi belge du 4 octobre 1867 a créé une innovation considérable, en consacrant un principe dont on avait fait en France, en 1824, une application partielle et que le législateur de 1832, lors de la refonte de notre système des circonstances atténuantes, avait réprouvé et complètement abandonné.

Depuis 1867, en effet, ce sont les juges qui déclarent, en Belgique, les circonstances atténuantes tant en matière criminelle qu'en matière correctionnelle; ce pouvoir n'a point été maintenu entre les mains des jurés, dans la crainte qu'ils n'en abusassent et pour assurer une répression plus constante, plus ferme et moins contingente; on a pensé que les magistrats, à raison de leur expérience et de la faculté qu'ils acquièrent, dans l'exercice de leur fonction, d'apprécier le degré de perversité auquel est tombé le délinquant, proportionneraient avec plus de sagesse la peine au délit et, se montrant moins prodigues de leur clémence, ne laisseraient pas la répression s'affaiblir et s'énerver.

Le but que le législateur belge a cherché à atteindre est certes d'une sagesse indéniable, mais les très brèves observations que nous allons présenter vont faire apparaître toute l'imperfection du procédé auquel on a eu recours, et des renseignements statistiques, puisés dans les publications officielles de la Belgique et de notre pays, nous démontreront avec l'évidence de leur proportion arithmétique dans quel pays la répression est, en définitive, le mieux assurée.

Il est certain que les circonstances atténuantes seront moins souvent accordées par les magistrats que par les jurés, et la statistique d'ailleurs le prouve surabondamment.

. 10

En France :

Les circonstances atténuantes ont été accordées :

    En 1881 à 75 accusés sur 100
       1882 à 73   —   —
       1883 à 74   —   —

En Belgique :

Les peines ont été modérées dans les proportions suivantes :

La peine de mort. . . . . à l'égard de 20 cond. sur 100
  —   des travaux forcés à perpétuité —   35   —   —
  —   —   de 15 à 20 ans   —   59   —   —
  —   —   de 10 à 15 ans   —   48   —   —
  —   de la réclusion   —   10   —   —

Mais dans les législations qui, à l'exemple de la législation belge, ne reconnaissent pas au jury le droit de déclarer les circonstances atténuantes, le nombre des acquittements croît en raison inverse du nombre des circonstances atténuantes, car les jurés, dans l'ignorance où ils se trouvent des dispositions de la Cour, craignant que leur verdict de culpabilité ne soit pas mitigé par des circonstances atténuantes, rapportent un verdict de non culpabilité, préférant l'impunité au risque d'une condamnation excessive. Et de fait, la statistique accuse en Belgique une proportion d'acquittements de beaucoup supérieure à la nôtre.

En France :

La proportion des acquittements a été de 26 % en 1881
     —   —   —   —   27 % en 1882
     —   —   —   —   28 % en 1883

En Belgique :

Dans la période qui s'est écoulée de 1876 à 1880, le nombre des acquittés a été de 222 sur 799 accusés, ce qui donne une proportion de 36,2 pour cent.

La loi du 4 octobre 1867 contient une seconde innovation également inspirée par le désir de restreindre l'application des circonstances atténuantes : elle dispose que les juges devront, non seulement exprimer l'existence de circonstances atténuantes, mais indiquer en termes formels quelles elles sont; en mettant ainsi les magistrats dans l'obligation de préciser les éléments et la cause qui motivent une atténuation de peine, le législateur a cru donner plus d'importance à cette déclaration, mais en réalité nous croyons qu'ici encore la réforme n'aura pas produit le résultat qu'on en attendait, car la pratique a dû consacrer un certain nombre de formules générales et vagues que les juges se bornent à transcrire dans leur jugement lorsqu'ils reconnaissent l'existence de circonstances atténuantes.

Une réforme beaucoup plus considérable et plus bienfaisante est celle que renferment les articles 2, 3 et 4 de cette même loi.

Aux termes de ces articles, dans tous les cas où il y aurait lieu de ne prononcer qu'une peine correctionnelle à raison, soit d'une excuse, soit d'une circonstance atténuante, la Chambre du Conseil pourra, à l'unanimité de ses membres et par une ordonnance motivée, renvoyer le prévenu devant le tribunal correctionnel. — Ce droit de correctionnalisation a été introduit par la loi du

15 mai 1838, d'où il a passé dans la loi déjà citée du 15 mai 1849 et dans la loi actuelle.

La doctrine et la jurisprudence belges semblent s'accorder pour refuser ce droit de correctionnalisation à la Chambre du Conseil lorsque l'accusé est récidiviste ; car la loi ne donne pas à cette juridiction le pouvoir de trancher la question de savoir s'il y a lieu de faire application à l'accusé de l'aggravation de peine résultant de la récidive.

Le Tribunal, devant lequel le prévenu sera renvoyé, ne pourra décliner sa compétence.

Aux termes de l'article 4, enfin, lorque le fait imputé sera punissable de l'emprisonnement ou de l'amende et que les juges seront *unanimement* d'avis qu'il y a lieu de réduire ces peines au taux des peines de simple police, ils pourront renvoyer le prévenu devant le juge de paix compétent, en exprimant les circonstances atténuantes : celui-ci ne pourra décliner sa compétence et appliquera les peines de police.

La Chambre des mises en accusation pourra exercer le même droit de correctionnalisation à la simple majorité.

EFFETS DES CIRCONSTANCES ATTÉNUANTES

1° *En matière criminelle :*

La Cour d'assises *doit* abaisser la peine d'un degré ; le second degré est, comme en France, *in facultate judicis*.

Nous allons, dans un tableau d'ensemble, examiner

l'effet que peut produire la déclaration de circonstances atténuantes sur l'échelle des peines.

Peines de droit commun. (Art. 80.)

La peine de mort est remplacée par les travaux forcés à perpétuité, ou de quinze à vingt ans.

La peine des travaux forcés à perpétuité est remplacée par les travaux forcés de quinze à vingt ans ou de dix à quinze ans.

La peine des travaux forcés de quinze à vingt ans est remplacée par les travaux forcés de dix à quinze ans ou la réclusion.

La peine des travaux forcés de dix à quinze ans est remplacée par la réclusion ou un emprisonnement non inférieur à trois ans.

La réclusion est remplacée par un emprisonnement de trois ans au moins.

Peines politiques. (Art. 4.)

La détention perpétuelle est remplacée par la détention extraordinaire ou la détention de dix à quinze ans.

La détention extraordinaire est remplacée par la détention de dix à quinze ans ou de cinq à dix.

La détention de dix à quinze ans est remplacée par la détention de cinq à dix ans ou un emprisonnement non inférieur à deux ans.

La détention de cinq à dix ans est remplacée par un emprisonnement non inférieur à deux mois.

Aux termes de l'article 82 du Code pénal, au cas où la loi élève le minimum d'une peine, la Cour, en vertu des circonstances atténuantes, appliquera le minimum

ordinaire de cette peine ou même la peine immédiatement inférieure.

L'amende en matière criminelle pourra être réduite
sans pouvoir être inférieure à 26 fr. (Art. 83).

2° *En matière correctionnelle* :

La déclaration de circonstances atténuantes impose
au juge une seule obligation : prononcer une peine qui
soit *au-dessous du maximum* que comporte le délit ; il a
d'ailleurs la faculté de réduire cette peine jusqu'à son
minimum ordinaire, soit enfin jusqu'au minimum des
peines de simple police.

D'après la législation belge, la récidive est une cause
d'aggravation de la peine laissée à l'appréciation du juge ;
à la différence de notre législation, c'est une circonstance
aggravante facultative ; si un récidiviste obtient le bénéfice de circonstances atténuantes, le juge peut : 1° ne tenir aucun compte de la récidive, et 2° réduire la peine
à raison des circonstances atténuantes.

Si la peine de l'emprisonnement est seule prononcée
par la loi, les juges, en vertu de circonstances atténuantes, pourront y substituer une amende qui ne pourra
excéder 300 fr.

En résumé, la législation belge offre les caractères
suivants :

1° Pouvoir accordé aux magistrats de déclarer les
circonstances atténuantes ;

2° Nécessité de l'indication des circonstances moti-
vant une atténuation de peine ;

3° Pouvoir accordé aux juridictions d'instruction de
faire application des circonstances atténuantes.

Luxembourg

Le Code pénal luxembourgeois date du 18 juin 1819;
ses dispositions sont absolument conformes à celles du
Code pénal belge actuellement en vigueur ; une loi du
18 juin 1879, jointe au Code luxembourgeois, accorde
aux Cours et Tribunaux le droit de correctionnalisation,
conformément aux articles 2 et 4 de la loi belge du
4 octobre 1867.

Hongrie

D'après le nouveau Code pénal de la Hongrie, du
29 mai 1878 (chap. VIII, 76 à 94), les circonstances de
fait dans lesquelles l'acte a été commis ont sur la culpabilité de l'agent une influence dont l'appréciation appartient exclusivement aux tribunaux. Si les circonstances
atténuantes l'emportent en nombre et en force sur les
circonstances aggravantes, la peine peut être abaissée
jusqu'au minimum, et une peine inférieure peut même
être prononcée si le minimum est encore trop élevé.
« La peine de mort sera convertie en emprisonnement
« dans une maison de force à perpétuité, et cette dernière
« peine en quinze ans de la même peine » (art. 90). Si les
circonstances atténuantes sont tellement prépondérantes
que le minimum établi pour l'infraction se trouve encore
trop rigoureux, le même genre de peine peut être abaissé
jusqu'à son minimum ordinaire ; si ce minimum est trop
sévère, les juges peuvent remplacer la maison de force
par la réclusion, celle-ci par l'emprisonnement, et l'emprisonnement par l'amende jusqu'au minimum de chacune de ces peines (art. 92).

Ce système consacre donc le pourvoir absolu du juge au point de vue de l'atténuation de la peine.

Toutefois, la peine de mort ne peut être remplacée par une peine inférieure à quinze ans de maison de force, ni la maison de force à perpétuité par moins de dix ans de la même peine.

Le jury n'existe en Hongrie que pour les délits de presse : la Cour déclare les circonstances atténuantes et mesure la peine.

ESPAGNE

Le Code pénal espagnol donne aux juges le droit d'accorder des circonstances atténuantes en toutes matières ; mais par esprit de réaction contre l'omnipotence du juge, la loi a dressé (1) une énumération des circonstances qui pourront motiver une atténuation de peine. Ce sont : 1° les provocations ou menaces immédiates ; 2° la minorité de dix-huit ans ; 3° le défaut d'intention chez l'agent de faire tout le mal qu'il a causé ; 4° l'état d'ivresse, pourvu qu'il ne soit pas habituel ou postérieur au projet de commettre le délit ; 5° le trouble et l'aveuglement d'esprit causés par une excitation passionnelle, et enfin « *toute autre circonstance de même valeur et analogue* « *aux circonstances précédentes* » ; ce dernier paragraphe, en dépouillant l'énumération de son caractère limitatif, est la condamnation même du système espagnol ; le législateur a reconnu qu'il était impossible de restreindre dans des définitions fermes les considérations de toute nature qui pouvaient rendre légitime l'atténuation des peines, et

(1) Code pénal espagnol, chap. III, art. 9.

après avoir tenté de poser des principes dont le juge ne puisse s'écarter, il s'est vu contraint de lui donner un pouvoir arbitaire d'appréciation.

SUISSE

Le Code pénal fédéral s'applique aux délits politiques commis par ou contre les fonctionnaires fédéraux et prévoit quelques délits d'une nature spéciale (enrôlements pour l'étranger, chemins de fer, etc.).

L'article 32 prévoit les circonstances atténuantes; la question n'est pas soumise au jury, qui ne peut en déclarer.

L'article 98 du Code de procédure pénale du 27 août 1851 réserve cette appréciation à la Cour, qui ne peut faire descendre la peine au-dessous du minimum fixé par la loi.

L'article 32 cite quelques-uns des faits pouvant être pris en considération par le juge : repentir, âge de douze à seize ans, lorsqu'il y a eu discernement; l'ivresse, quand elle est résultée de la faute de l'accusé, n'est pas envisagée comme circonstance atténuante.

Canton du Valais.

Le Code pénal du canton du Valais date du 26 mai 1858; il est entré en vigueur le 1er janvier 1859.

L'article 96 enjoint au juge d'avoir égard, dans l'application de la peine, entre le maximum et le minimum, aux circonstances qui peuvent diminuer (ou augmenter) la culpabilité du délinquant, tant sous le rapport du mal

matériel causé par le délit, que sous le rapport de la perversité de l'agent, et l'article 99 cite, *à titre d'exemple*,
plusieurs de ces circonstances.

Mais comme une énumération des circonstances de
cette nature ne saurait être complète et aurait l'inconvénient de lier le juge, quelquefois au préjudice de la justice,
l'article 100 ajoute : « Les circonstances atténuantes
« énumérées par forme d'exemples dans les articles
« précédents, n'excluent pas les autres cas qui peuvent
« se présenter et que le juge doit aussi prendre en consi-
« dération. »

Le jury ne fonctionne pas dans le canton du Valais.

Canton de Vaud.

Le Code pénal du canton de Vaud date du 18 février 1843.

Le jury fonctionne en matière correctionnelle et en
matière criminelle ; les circonstances atténuantes, qui ne
sont pas prévues par la loi, sont prises en considération
par le juge, qui en tient compte dans la détermination de
la peine entre le maximum et le minimum. Le jury ne
s'en occupe pas ; il ne peut rien ajouter aux questions
qui lui sont soumises. On ne lui pose une question de
circonstances atténuantes que dans un seul cas : celui où
la peine applicable au délit entraîne la réclusion perpétuelle qui a remplacé, dès 1875, la peine de mort ;
l'admission des circonstances atténuantes a alors pour
effet de réduire la peine à une réclusion de quinze à trente
ans (article 61).

Suède

Le Code pénal de Suède date du 16 février 1864 et a été mis en vigueur le 1er janvier 1865.

Le jury n'existe en Suède qu'en matière de presse ; la distinction entre les crimes et les délits n'existe pas.

Les magistrats accordent le bénéfice des circonstances atténuantes ; leur application est laissée à l'appréciation du juge, de même que leur effet sur la peine; il peut abaisser celle-ci d'un ou de deux degrés et même substituer une peine à une autre; il n'est pas obligé de faire connaître les circonstances atténuantes dans sa sentence.

Elles peuvent être admises pour toutes les infractions prévues par le Code pénal.

Outre les circonstances atténuantes, il existe dans la législation pénale suédoise des circonstances très atténuantes, également laissées à l'appréciation du juge et qui lui permettent de diminuer la peine dans de très fortes proportions et sans être lié par aucun minimum.

Norvège

Le Code pénal norvégien du 20 août 1842, modifié successivement en 1872 et en 1879, pose dans un chapitre VI, § 1, le principe des circonstances atténuantes; il en laisse aux magistrats la libre appréciation et application.

Le jury n'existe point en Norvège, mais lorsque l'accusation peut entraîner la peine de mort, le juge s'adjoint comme assesseurs quatre citoyens pris sur une liste dressée dans chaque commune. Ces citoyens prennent part à la délibération et à la décision : ils ont même compétence que le juge et, si trois d'entre eux s'accordent, ils peuvent mettre en échec le magistrat à l'œuvre duquel ils concourent (majorité de trois sur cinq).

PAYS-BAS

Le nouveau Code pénal hollandais du 3 mars 1881 a supprimé le minimum des peines ; l'emprisonnement, la détention, l'amende pour chaque délit et chaque contravention ont leur maximum constamment indiqué par la formule sacramentelle « van ten hoogste, au plus », mais aucune de ces peines n'a de minimum propre ; en d'autres termes, il n'existe d'autre minimum dans tous les cas que le minimum général d'un jour pour l'emprisonnement et la détention, d'un demi-louis pour l'amende (1).

Il n'existe pas de jury aux Pays-Bas ; les juges ont un pouvoir souverain d'appréciation relativement à la déclaration et à l'application des circonstances atténuantes.

DANEMARK

Le Code pénal du 10 février 1866 pose le principe des circonstances atténuantes ; elles sont laissées à l'appréciation arbitraire du juge ; la loi fait mention de quelques circonstances qui peuvent être prises en consi-

---

(1) Discours de rentrée de M. l'avocat général Chevrier.

dération; en principe, le juge ne peut se mouvoir, pour la fixation de la peine, qu'entre le maximum et le minimum ; dans quelques cas spéciaux elle lui donne le droit de réduire la peine au-dessous du minimum, mais sans pouvoir toutefois l'abaisser au-dessous de la moitié du minimum fixé par la loi.

AUTRICHE

Le Code pénal autrichien du 27 mai 1852 prend soin de déterminer les circonstances atténuantes et les range dans deux classes : 1° celles concernant la personne du coupable; 2° celles tirées du fait.

Le juge, qui seul est chargé, à l'exclusion du jury, de se prononcer sur l'existence des circonstances atténuantes, ne doit point se borner à les déclarer; il doit, à l'exemple de la législation belge, les établir et préciser en quoi elles consistent.

Le juge ne doit tenir compte des circonstances atténuantes qu'autant qu'elles ne sont pas contrariées par des circonstances aggravantes.

La Cour applique la peine en se conformant, en matière criminelle, au verdict du jury qui n'est appelé à se prononcer que sur la question de culpabilité; les circonstances atténuantes ne modifient pas la nature ni la durée légale de la peine : le juge ne peut se mouvoir que dans les limites assignées par la loi à chaque peine.

Si la Cour reconnaît l'existence de plusieurs circonstances atténuantes très importantes et très prévalentes, elle reçoit de la loi des pouvoirs plus étendus au point de vue de la fixation de la peine : ainsi, si le crime à raison duquel l'accusé comparaît en Cour d'assises entraînait une peine perpétuelle, ou de dix à vingt ans, la Cour peut la réduire, non dans sa qualité, mais dans sa durée, et l'abaisser jusqu'à trois ans. Dans le cas où la loi l'a fixée entre cinq et dix ans, les juges peuvent, si les mêmes circonstances extraordinaires sont reconnues, réduire la peine légale jusqu'à une année, et en changeant même, dans ce cas, la nature de la peine.

La législation autrichienne présente donc les caractères suivants :

1º Détermination des circonstances atténuantes;

2º Pouvoir exclusif accordé aux magistrats de les prononcer;

3º Nécessité de les préciser;

4º Pouvoirs restreints dans la modification et dans l'atténuation des peines.

RUSSIE

La réforme de notre législation pénale, à laquelle il a été procédé en France en 1832, a eu surtout pour but de corriger les rigueurs excessives du Code de 1810; on reconnaissait qu'il n'était point équitable de traiter avec une égale sévérité l'auteur principal et le complice, et de frapper de mêmes peines la tentative et le crime consommé, le crime réussi et le crime non réussi; on a reculé devant un remaniement, une refonte complète de notre Code pénal, et en accordant aux jurés le soin de déclarer les circonstances atténuantes, on a eu recours à un palliatif que l'état de notre législation rendait nécessaire.

Le Code pénal russe, qui date de 1845, n'étant point, comme la plupart des Codes européens, une émanation du Code de 1810, ne contient pas ces imperfections; la peine du complice est moins forte d'un ou de deux degrés que celle de l'auteur principal; l'auteur d'une tentative de crime est passible d'une peine inférieure de un, deux et trois degrés, suivant les circonstances, à la peine fixée pour le crime consommé. Les circonstances atténuantes n'ont donc pas dans cette législation ce caractère d' « institution nécessaire » qu'elles revêtent dans notre pays et dans la plupart des législations européennes; elles existent néanmoins, et l'article 134 du Code pénal russe énumère les diverses considérations dont le juge devra tenir compte dans l'atténuation des peines.

Le jury n'existe pas en Russie.

Lorsque la loi précise la nature, le degré de la peine à appliquer et sa mesure, le tribunal est tenu de rester dans les termes fixés par la loi; lorsqu'elle se borne à indiquer la nature et le degré de la peine, sans préciser maximum ni minimum, le tribunal en fixe la mesure suivant le degré de criminalité et les circonstances de la cause; lorsque la loi n'indique que la nature de la peine, on laisse aux juges un pouvoir absolu d'appréciation, quant au degré et quant à la mesure.

En outre, dans certaines circonstances exceptionnelles prévues par l'article 153, les peines édictées par la loi peuvent être mitigées dans une proportion qui excède les limites de la compétence du juge et dépend du droit attribué au souverain.

Ces circonstances sont : 1° l'aveu complet, la révélation des complices, lorsque le coupable empêche ainsi l'accomplissement d'un autre projet criminel, menaçant, soit les personnes, soit la société entière; 2° conversion d'un non-chrétien, au cours de l'instruction, à la religion orthodoxe ou à toute autre religion reconnue par l'État; 3° la longue détention préventive subie par l'accusé sans qu'elle résulte de son fait.

Dans ces cas et autres analogues, le tribunal a le droit de se pourvoir en adoucissement de la peine auprès de l'empereur, par l'entremise du ministre de la justice, mais il ne peut en tenir compte lui-même.

CHAPITRE II

Canton de Genève.

Le Code pénal du canton de Genève, en date du 21 octobre 1874, laisse à l'appréciation du jury la question de savoir s'il y a lieu d'accorder à l'accusé le bénéfice des circonstances atténuantes, tant en matière criminelle qu'en matière correctionnelle. Les jurés sont au nombre de douze au criminel, de six au correctionnel; les questions se résolvent à la majorité simple.

Les circonstances atténuantes produisent l'atténuation suivante sur les diverses peines : la réclusion perpétuelle devient la réclusion de trois à quinze ans, la réclusion à temps devient l'emprisonnement de un à cinq ans; les peines correctionnelles sont réduites de moitié.

Outre les circonstances atténuantes, les jurés peuvent reconnaître l'existence de circonstances *très atténuantes* dont l'effet est encore bien plus considérable : la réclusion perpétuelle devient un emprisonnement de quatre ans au maximum;

La réclusion à temps devient un emprisonnement de deux ans au maximum;

Les peines correctionnelles ne peuvent dépasser le quart du maximum.

Dans tous les cas, lorsqu'il y a à la fois emprisonne-

11

ment et amende, les tribunaux peuvent ne prononcer que l'une de ces peines et même substituer l'amende à l'emprisonnement.

La législation génevoise se caractérise donc par l'extrême largeur des pouvoirs du jury et des magistrats.

Canton de Neuchâtel.

Dans le canton de Neuchâtel, où, comme dans ceux de Genève et de Vaud, le jury fonctionne en matière correctionnelle et en matière criminelle, on doit toujours poser aux jurés la question des circonstances atténuantes.

ITALIE

Une ordonnance royale du 20 novembre 1859 a rendu applicable, à partir du 1er mai 1860, aux diverses parties du nouvel État italien le Code sarde du 26 octobre 1839, dit Code Albertin. La Toscane se refusa toutefois à accepter la législation nouvelle et conserva son Code de Léopold II du 20 juin 1853, revisé par la loi du 8 avril 1856.

Le Code pénal du royaume de Sardaigne étant celui qui régit la plus grande partie du territoire du royaume d'Italie, c'est lui que nous étudierons d'abord.

Le jury existe en matière criminelle seulement; il connaît de tous les crimes, à moins que la section d'accusation de la Cour d'appel n'ait usé du droit de correctionnalisation qui lui est conféré par la loi : c'est toujours aux jurés et non à la Cour d'assises qu'il appartient de déclarer l'existence des circonstances atténuantes.

D'après l'article 682, dans tous les crimes ou délits contre la propriété, quand il y a des circonstances atténuantes, et selon la valeur du dommage, le juge est autorisé à diminuer les peines dans la proportion qu'indique cet article, c'est-à-dire d'un ou de deux degrés pour les peines criminelles.

Dans les cas où les crimes ou délits contre les personnes sont punis d'emprisonnement ou d'une amende correctionnelle, s'il y a des circonstances atténuantes, le juge peut descendre à des peines de simple police (article 683).

Enfin, aux termes de l'article 684, chaque fois que dans les infractions prévues par le Code et punissables de peines correctionnelles ou criminelles, il y a concours de circonstances atténuantes, les Cours et tribunaux doivent diminuer la peine d'un degré.

Le projet de Code pénal, en élaboration depuis dix années devant le Parlement italien, ne contient aucune disposition remarquable sur notre matière.

ALLEMAGNE (Empire d')

Le Code pénal allemand a été promulgué le 31 mai 1870; la date que lui assignent les actes officiels est celle de la loi du 15 mai 1871 sur la nouvelle rédaction du Code pénal de l'Allemagne du Nord rendu applicable à tout l'Empire allemand; il a été modifié le 26 février 1876.

Les circonstances atténuantes ne peuvent être reconnues, d'après la législation de l'Empire d'Allemagne, que pour certains crimes et délits déterminés par le

Code. Ce système s'explique par cette considération qu'en général le minimum des peines est maintenu dans des limites suffisamment clémentes pour rendre l'admission des circonstances atténuantes au moins dangereuse.

La législation allemande a, en outre, déterminé les conséquences produites par la déclaration des circonstances atténuantes sur chaque peine.

D'après le Code de procédure pénale du 1ᵉʳ février 1877, le jury n'a pas à se prononcer sur leur existence si la question ne lui en a pas été posée sur la demande du procureur général, ou de l'accusé, ou sur l'ordre de la Cour.

Les jurés siègent au nombre de 12; la question de culpabilité doit être résolue à la majorité des deux tiers; le partage des voix sur la question des circonstances atténuantes entraîne l'obtention du bénéfice. — Si les circonstances atténuantes ont été refusées, mention devra être faite que *la décision a été prise* à une majorité de plus de six voix.

PORTUGAL

Code pénal approuvé par décret du 10 décembre 1852.

Les circonstances atténuantes sont, comme en Espagne, énumérées par le législateur qui, ayant reconnu l'impossibilité de définir limitativement tous les cas de diverse nature qui peuvent légitimer une atténuation de peine, dans un dernier paragraphe a donné au juge le pouvoir d'apprécier « en général les circonstances qui précèdent, « accompagnent ou suivent le crime et sont de nature à

« affaiblir la culpabilité de l'accusé ou à diminuer les
« effets du crime. »

En matière criminelle les circonstances atténuantes
sont admises et déclarées par le jury : les questions relatives au crime et aux circonstances sont posées au jury
par le juge *unique* de première instance qui préside les
assises : la formule des questions est posée par la loi et le
jury répond : « est *prouvé* » ou « *non prouvé* ».

Les jurés sont au nombre de neuf.

Pour la solution affirmative de la question de culpabilité, la majorité des deux tiers est exigée ; la réponse doit
déclarer si la décision a été prise à l'unanimité ou à la
majorité ; cette déclaration n'est pas nécessaire pour les
questions relatives aux circonstances atténuantes.

ROUMANIE

La législation pénale de la Roumanie ne diffère en rien
de la législation française.

POSITIONS

DROIT ROMAIN

I. La résolution du crime d'homicide est punie à l'égal du crime consommé.

II. Le droit de vie et de mort que la législation romaine classique avait reconnu au profit du chef de famille sur les enfants qu'il avait *in potestate,* ne pouvait s'exercer qu'avec l'assistance d'un tribunal de famille.

III. Le mari qui tuait sa femme surprise en flagrant délit d'adultère bénéficiait d'une atténuation de peine.

IV. Le mariage ne se formait pas à Rome *solo consensu.*

V. Les pactes joints *in continenti* étaient munis de l'action née du contrat.

VI. La cession de biens n'était accordée qu'au débiteur de bonne foi.

VII. Les servitudes peuvent s'établir par pactes et stipulations dans le droit de Justinien.

DROIT CIVIL

I. Le droit du locataire n'est qu'un droit de créance.

II. Si l'immeuble hypothéqué qui a péri était assuré, la prime payée par l'assureur n'est pas répartie entre les créanciers inscrits sur l'immeuble.

III. Le rang d'une hypothèque constituée pour sûreté d'une ouverture de crédit est déterminé par la date de son inscription, quelle que soit l'époque des réalisations successives du crédit.

IV. Le créancier peut s'adresser à la caution sans avoir mis le débiteur principal en demeure.

DROIT CRIMINEL

I. Lorsque la peine encourue par l'accusé est celle de la réclusion, la Cour d'assises ne peut, en vertu des circonstances atténuantes, abaisser au-dessous de cinq ans la peine de la réclusion.

II. Lorsque les tribunaux correctionnels reconnaissent l'existence de circonstances atténuantes, ils peuvent ne pas faire application de l'article 463.

III. Le Sénat constitué en haute Cour de justice peut accorder le bénéfice des circonstances atténuantes aux accusés qui lui sont déférés en vertu des lois constitutionnelles.

IV. Le crime impossible n'est pas puni, que l'impossibilité soit absolue ou relative.

V. Les complices d'un suicide, lorsqu'ils y ont pris une part active, sont punissables comme complices d'homicide.

PROCÉDURE CIVILE

I. La tentative de conciliation doit avoir lieu, même au cas où la séparation de corps est demandée contre un époux condamné à une peine infamante.

II. L'étranger défendeur n'est pas admissible à requérir de l'étranger demandeur la caution *judicatum solvi*.

Vu par le Président de la Thèse :

    DESJARDINS.   Vu par le Doyen :

                         Cн. BEUDANT.

Vu et permis d'imprimer :

        Le Vice-Recteur de l'Académie de Paris,

        GRÉARD.

Table des Matières

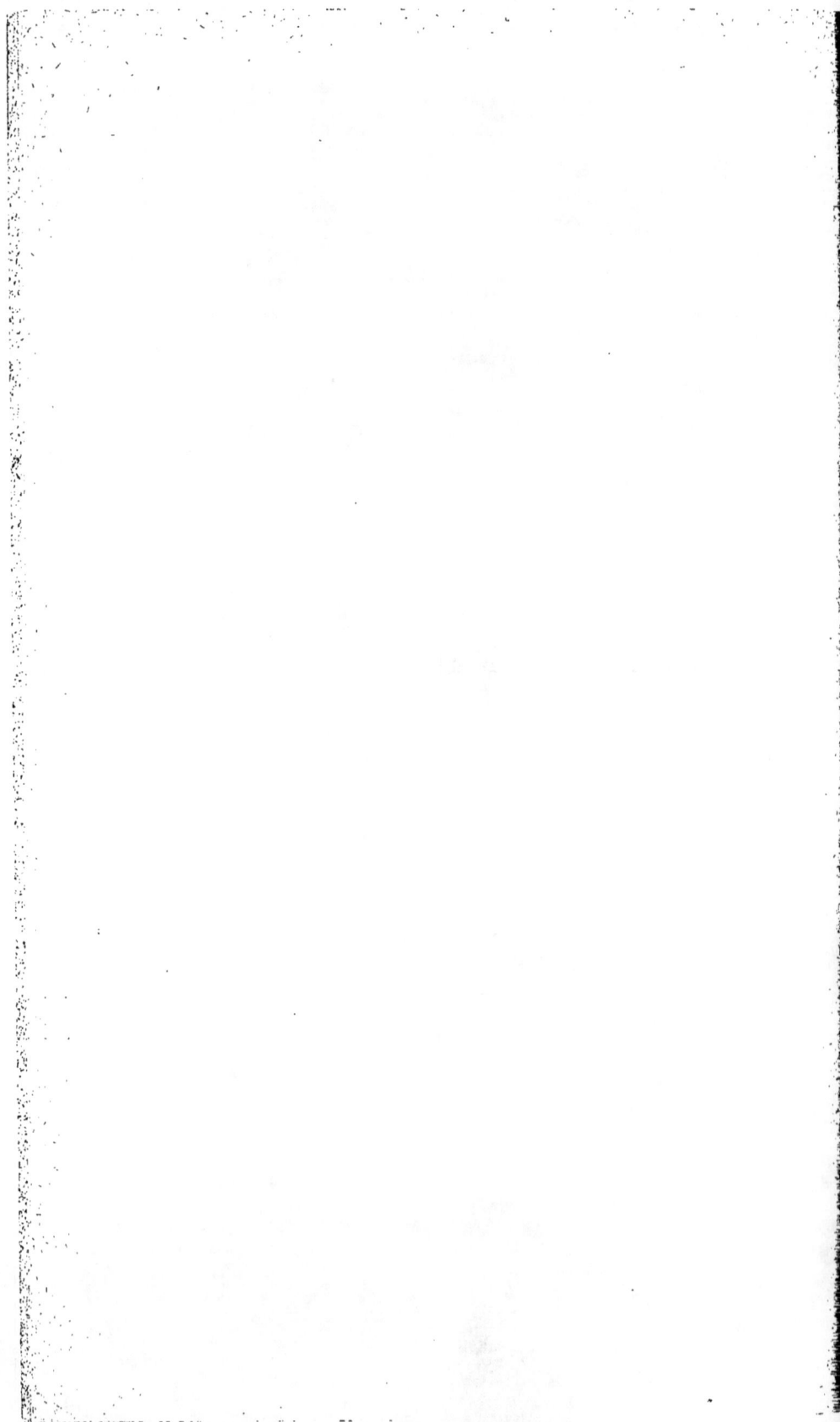

TABLE DES MATIÈRES

DE L'HOMICIDE ET DU PARRICIDE
EN DROIT ROMAIN

DES CIRCONSTANCES ATTÉNUANTES
EN DROIT FRANÇAIS

ÉTUDE DE LÉGISLATION COMPARÉE

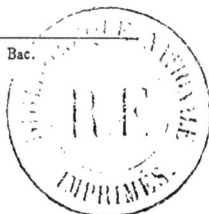

2518. Paris. — Typ. Ch. Unsinger, 83, rue du Bac.

www.ingramcontent.com/pod-product-compliance
Lightning Source LLC
Chambersburg PA
CBHW060545210326
41519CB00014B/3354